Kinder haben

Kleine Philosophie für Eltern

Wolfgang Pelzer
Kinder haben

Kleine Philosophie für Eltern

Ein Essay · C.H.Beck

© Verlag C.H.Beck oHG, München 2005
Satz: Fotosatz Reinhard Amann, Aichstetten
Umschlaggestaltung: roland angst + stefan vogt, München
Umschlagabbildung: © photonica / Johner
Druck und Bindung: Friedrich Pustet, Regensburg
Gedruckt auf säurefreiem Papier
(hergestellt aus chlorfrei gebleichtem Zellstoff)
Printed in Germany
ISBN 3 406 53587 9

www.beck.de

für meine Kinder
Hans, Carl, Felix und Moritz

Inhalt

Ein Wort vorweg

Dieses Buch ist kein Ratgeber in Erziehungsfragen. Davon gibt es genug auf dem Büchermarkt. Abgesehen von diesem marktstrategischen Argument ist es mir völlig fremd, jemanden beraten zu wollen, den ich nicht kenne. *Ich denke zu meiner eigenen Belehrung*, sagte Lessing einmal, und so will ich es auch hier halten.

Aus der Erfahrung weiß ich, dass es viele Eltern gibt, die ein Buch, das sich als Ratgeber ausweist, gar nicht erst anfassen. Sie wollen einfach nicht belehrt werden. Das, was ein gängiger Ratgeber zu sagen hat, wissen sie längst selbst.

In sieben Kapiteln stelle ich dar, was mit uns und in uns geschieht, wenn ein Kind zur Welt kommt und heranwächst. Ich beschränke mich dabei auf das, was man als *Schlüsselerfahrungen* bezeichnen kann. Ohne das Wort übermäßig strapazieren zu wollen, nenne ich diese Erfahrungen *philosophisch*. Sie zeigen an, was auf uns als Eltern an Anspruch und Verpflichtung zukommt und wie und warum sich unsere Aufgaben im Laufe des Zusammenlebens mit Kindern ändern.

Hilfreich bei der Darstellung und Mitteilung einer Schlüsselerfahrung sind für mich immer die großen Schriftsteller gewesen. In der Literatur ist ein Erfahrungsschatz aufbewahrt, der unendlich wertvoll ist und uns dabei hilft, nicht klar, aber doch ein wenig klarer zu werden, heller, aufgeräumter, bewusster. Dichtung speist uns nicht ab mit Bescheidwissen. Sie taucht in die Erfahrungsflut und entdeckt dort die Spuren eines Lebens, das sich zum Problem geworden ist und nach Klarheit sucht.

Vor dem Wort *Philosophie* bitte ich nicht zu erschrecken. Ich nehme es ganz im Geiste Kants auf, der einmal sagte, Philosophie sei die Anstrengung, *sich im Denken zu orientieren.*[1] Gemeint war die Einlösung des Anspruchs, *sich* – wie es im berühmten Aufsatz *Was ist Aufklärung?* heißt – *seines eigenen Verstandes zu bedienen.*[2] Mit akademischer Gelehrsamkeit hat das nichts zu tun. Philosophie beginnt dort, wo sich Fragen auftun, die sich nicht durch Einklicken ins Netz oder durch Anfragen beim Fachmann – in Existenzfragen sind das heute in der Regel die Fachleute der Seele – beantworten lassen. Es sind Fragen, die uns so schnell nicht zur Ruhe kommen lassen und sich mehr uns stellen, als dass wir sie stellen. Welcher Anspruch damit auf den Philosophen zukommt, hat Ludwig Feuerbach vor gut 150 Jahren formuliert: *Wolle nicht Philosoph sein, im Unterschied vom Menschen, sei nichts weiter als ein denkender Mensch; denke nicht als Denker, das heißt in einer aus der Totalität des wirklichen Menschenwesens herausgerissenen und für sich isolierten Fakultät; denke als lebendiges, wirkliches Wesen, als welches du den belebenden und erfrischenden Wogen des Weltmeeres ausgesetzt bist; denke in der Existenz, in der Welt als ein Mitglied derselben, nicht im Vacuum der Abstraktion.*[3] Dieser Einschätzung des Philosophen ist nichts hinzuzufügen bis auf die kleine Ergänzung vielleicht, dass die *Wogen des Weltmeeres,* denen wir ausgesetzt sind, durchaus nicht nur *belebende und erfrischende* Wirkung auf uns haben. Davon wird in diesem Buch noch oft die Rede sein.

Das Land, in dem der Philosoph sich aufhält, hat Ludwig Wittgenstein mit einem spekulativen Gedanken genau umrissen: *Wir fühlen, dass selbst, wenn alle möglichen wissenschaftlichen Fragen beantwortet sind, unsere Lebensprobleme noch gar nicht berührt sind.*[4] Als Nachdenkende sind wir in diesem Lande keineswegs alleine. Wir finden uns in einer reichen, gedankenvollen Tradition belebender Philosophie wieder, die weit zurückreicht und in der die reflektierende Intelligenz Zeichen gesetzt hat, die ich nicht einfach ignorieren kann. Darum kommen viele hier zu Wort, die zur Sache beizutragen wussten. Sie verbindet – bei allen Differenzen – ein altes Ethos, das Theodor W. Adorno einmal mit dem Satz umschrieb, nur der Denkende sei in aller Kritik nie wütend. Müssten wir, um zur Philosophie zu gelangen, durch eine Pforte treten, so stünde dieser Satz darüber. Er ist dem Auftrag verschwistert, der über dem Tempeleingang von Delphi stand und als aufgegebener Wahlspruch den Eintretenden mahnte: *Erkenne dich selbst.*

Im vorliegenden Buch ist ausnahmslos von der «alten» Familie die Rede. Völlig vernachlässigt habe ich neue Formen des Zusammenlebens, die sich heute neben der Familie entwickeln. Um diesem Problemkreis gerecht werden zu können (allein erziehende Mütter und Väter, die Beziehungen der Kinder zu den neuen Lebenspartnern ihrer Eltern usw.), wäre ein neues Buch fällig.

Den Lesern, die wenig Zeit haben (das ist ja unser Problem heute), empfehle ich die Texte zur Lektüre, die ich jedem Kapitel als Nachlese angehängt habe. Es sind Texte, die mir im Laufe der Jahre wichtig geworden sind. Möglicherweise kann auch der Leser seinen Nutzen daraus ziehen und sich vom vorgetragenen Gedankengang inspirieren lassen. Die Texte laden zum Nachdenken ein.

Den Lesern, die ein bisschen mehr Zeit haben, empfehle ich das Kapitel VIII, das ich als losen Anhang hinzugefügt habe. In kleinen essayistischen Miniaturen skizziere ich dort einige Fragen zur Erziehung und zum Leben mit Kindern, die sich mir in den letzten Jahren gestellt haben.

Den Lesern, die viel Zeit haben, gehört der gesamte Text, auch die vielen Fußnoten, auf die ich nicht verzichten mochte. Ich verstehe sie nicht nur als Hinweise auf zitierte Literatur, sondern auch als Anregungen zum Weiterlesen.

Zu danken habe ich Ekkehard Martens, Dieter-Jürgen Löwisch, Johannes Schwarzkopf, Kornelia Bruckhaus, Detlef Otto und Siegfried Uhl für die anregenden und kritischen Rückmeldungen.

Deine Kinder sind nicht deine Kinder.
Sie sind die Söhne und Töchter der Sehnsucht des Lebens nach sich selbst.

Kahlil Gibran

Wenn man den Menschen in seiner Tatenlosigkeit liebt, betrachtet man ihn, als ob er tot wäre.

Alexandre Kojève

Tod und Geburt

Von der grundlosen Anerkennung

Zumeist geht das Leben einen gleichförmigen Gang. Fatal ähneln die Tage einander. Sie haben wenig Abenteuerliches, wenig Aufregendes und fordern uns nur hin und wieder heraus.

Der gleichförmige Gang des Lebens ist das, was wir für «normal» halten. Normal ist, nicht aus der Rolle zu fallen, nicht vom eingeschlagenen Weg abzuweichen, die vorgegebenen Spielregeln einzuhalten und – das ist das Wichtigste in der Daseins-Ökonomie – die Sorge um die eigene Existenz möglichst klein zu halten. Der Kontostand am Monatsende, die nächste Urlaubsreise, ein kleiner Kampf hier, ein kleiner Kampf dort, die lieben Nachbarn und Kollegen, die Gesundheit, die Grillparty am Wochenende, das Wetter – das ist in der Regel der Stoff, aus dem die Tage sind.

Die wache Zeit von fünfzehn und mehr Stunden am Tag ist ausgefüllt mit zahlreichen Gewohnheiten. Sie sorgen für ein Gleichmaß der Abläufe und – auch wenn die Terminkalender voll sind und eine rasante Beschleunigung alle Lebensverhältnisse erfasst hat – für eine beruhigte Lebensstimmung. Bis in die kleinsten und unscheinbarsten Details regeln sie das tägliche Handeln und verhindern ein Chaos des Erlebens und Wahrnehmens. Gewohnheiten lassen Irritationen nicht aufkommen. Sie sind wie Wege auf den Karten der Biographien, Wege, auf denen wir uns mit traumtänzerischer Sicherheit fortbewegen, als hätten wir festen Boden unter den Füßen. Nur wenige Ereignisse erschüttern diesen Boden, werfen den Betroffenen aus der Bahn und schleudern ihn aus dem Schutzraum der Normalität hinaus. Mit einem Schlag steht er vor abgründigen Fragen, die sich mit gut gemeinten Ratschlägen oder abrufbarem Wissen nicht beant-worten lassen. Nach solchen Ereignissen ist niemand mehr der, der er war.

Ein solches Ereignis ist der Tod eines geliebten Menschen. Der Tod ist als anonymer Vorgang im Leben der Gattung immerzu gegenwärtig. Jeden Augenblick stirbt ein Mensch. *Weise müssen sterben; genauso gehen Tor und Narr zugrunde. Sie hinterlassen ihr Vermögen anderen. Gräber sind ihr Haus für ewig.*[1] *– Denn wie Gras verwelken sie rasch, verdorren wie das grüne Kraut.*[2] Das lässt sich noch mit einiger Gelassenheit als allgemeines Gesetz des Lebens konstatieren.

Das Unfassbare dieses Vorgangs tritt in seiner ganzen Schärfe und Tragweite erst ins Bewusstsein, wenn einer der unsrigen stirbt. Der Tod hat dann einen Namen, der für alles das steht, was uns wertvoll und wichtig war. Die Liebe, die wir erfahren haben, hört mit einem Schlag auf. Das hauchdünne Band des wechsel-seitigen Verstehens ist zerrissen. Beim Anblick der Leiche verste-hen wir nichts mehr und werden nicht mehr verstanden. Der Tote ist tot.

Diese Tautologie, über die nur der Logiker lächeln kann, ist die eigentliche Zumutung, wenn einer von uns stirbt. Die starre Lei-che hüllt sich in Schweigen. Der Resonanzboden, der der Tote für uns einmal war, ist zerstört. Nichts kommt mehr an und nichts mehr zurück. Wir erhalten keine Antwort und werden nicht mehr befragt. Der Tote ist nur noch in sich zerfallende Materie. *Beim Tod des Menschen wird sein Anteil werden Geschmeiß und Maden, Asseln und Gewürm.*[3] Doch was den Anblick der Leiche so unerträglich macht, ist ihr endgültiges Schweigen, der Abbruch von Austausch und Anregung, Zuspruch und Wertschätzung.

Wem das mit aller Wucht widerfährt, kann nicht mehr ohne weiteres so weiterleben wie bisher. In den beruhigten Gang des Lebens ist eine Erfahrung eingeschlagen wie ein Blitz. Was wir für «normal» hielten, hat sich verflüchtigt, zumindest für einige Zeit. Der Einbruch des Todes macht auch den Lebenden stumm und verdammt ihn zum Schweigen. Es ist das Schweigen des Rat- und Fassungslosen: Mit einem Schlag steht er alleine da und die allgemeine Einsicht, dass es nun einmal das Schicksal der Menschen ist zu sterben, hilft nicht weiter. Alle Brücken in die Vergangenheit und in die Zukunft, die das Netz eines gemeinsamen Lebens bilden, brechen in sich zusammen.[4]

Da ich in ihr einen so großen Trost verlor, so war meine Seele wund, und das Leben wurde gleichsam zerrissen, welches eine Einheit geworden war aus meinem und ihrem Leben.[5]

Ein ganz anderes Ereignis, das den gewohnten Lauf der Dinge erschüttert, ist die Geburt eines Kindes. Das Neugeborene liegt da in einer geradezu erbärmlichen Hilflosigkeit, ein kleines, schwaches, völlig auf andere angewiesenes Wesen. Aber die erste Regung beim Anblick des Kindes ist alles andere als Mitleid, sondern ein Übermaß an Freude und einer nie da gewesenen Zuversicht.

Wir Aufgeklärten und in der Rationalität des Denkens und Sprechens Geübten vergessen dann sogar die Kontrolle über unsere Sprache, bedienen uns längst verschollener Worte und stammeln etwas vom *Wunder*. Ein Kind ist da, und was wir sehen, ist nicht die Tatsache eines greinenden Bündels. Wir sehen vielmehr den Keim neuer, nie da gewesener Lebensmöglichkeiten, den Anfang eines neuen Lebensweges. Hoffnung und Zuversicht sind keine leeren und abstrakten Worte, sondern Fleisch und Blut geworden. Es ist so, als beginne die Welt von neuem und als erhalte alles Alte, Verbrauchte, hinfällig Gewordene und im Lebenstrott Verschlissene mit einem Mal einen neuen Glanz.

Auch das wirft aus der normalen Bahn. Nie oder ganz selten ist die Freude größer als beim ersten Anblick des Neugeborenen. Der Bruch, den diese Erfahrung auslöst, reicht tief in die Wurzeln der Existenz. Ich kenne einen Vater, der nach der Geburt seines ersten Sohnes einfach zu essen vergaß. 48 Stunden dauerte es, bis er bemerkte, dass er Hunger hatte. Er wurde durch dieses Ereignis sogar aus seinem biologischen Rhythmus gebracht und ignorierte für zwei lange Tage, die für ihn wie im Fluge vergingen, dass er ein bedürftiges Wesen war.

Wie der Tod ist auch die Geburt zunächst nur ein anonymer Vorgang im Leben der Gattung. Auch hier gilt: In jedem Augenblick wird ein Mensch geboren. Diese Feststellung lässt uns völlig gleichgültig. Man kann sie konstatieren und unbehelligt zu seiner Tagesordnung zurückkehren.

Ganz anders verhält es sich bei der Geburt *meines* Kindes. Das Überwältigende der Geburt ist die einfache und unfassbare Tatsache: *puer nobis natus est.*[6] *Ein Kind ist uns geboren.* Die Erfahrung der Geburt ist – wie die des Todes – das Aufleuchten des Individuums im gleichgültigen Gang der Welt: Dort liegt nicht irgendwer, sondern mein Kind, unverwechselbar, herausgehoben aus der unvorstellbar langen Kette der menschlichen Evolution und aus der Anonymität der unbestimmten Menge.

Was den jungen Eltern widerfährt, ist das große Staunen. Auslöser ist nicht irgendeine Eigenschaft des kleinen Wesens, auch kein besonderes Merkmal, etwa die Geschlechtszugehörigkeit, sondern einzig und allein die Tatsache der bloßen Existenz: *Du bist da, du, mein Kind, und dass du da bist, ist gut.* In der ersten Begegnung mit dem Kind überkommt uns eine Ahnung vom Geheimnis des Seins. Wir staunen darüber, dass ein Wesen ins Leben tritt.

Vor dem Einbruch dieser Erfahrung versagt alles aufgeklärte, wissenschaftliche Reden. Was mit einem Schlag aufleuchtet, ist ein ursprüngliches Rätsel, das sich dem nach Erklärungen und Zusammenhängen suchenden Verstand völlig entzieht. Der Verstand erläutert, analysiert, berechnet und ordnet. Im Reich des Berechenbaren ist der Verstand der unangefochtene Souverän. Das ursprüngliche Rätsel der Existenz aber lässt er unberührt. Es offenbart sich im Staunen darüber, dass ein Mensch zur Welt gekommen ist.

Es ist, als breche ein Lichtstrahl in das Zwielicht des dahindümpelnden Lebens. Alle allgemeinen und in ihrer Allgemeinheit gleichgültigen Bezüge sind ohne jede Bedeutung. Worauf wir blicken, ist dieses eine Wesen.

Der Tod des Nächsten hat Folgen. Die Welt, so wie sie sich im Gefüge der Gewohnheiten geordnet hat, ist aus den Fugen geraten. Alles erinnert an den Toten. Jedes harmlose Ding hat eine Beziehung zu der brutalen Tatsache, dass er nicht mehr ist: die kalten und einsamen Nächte, der leere Stuhl am Tisch, die Kleider im Schrank, die stehen gebliebene Tasse, der süße Geruch im Garten, die Pflanzen auf der Fensterbank, die angebrochene Schachtel Zigaretten. Die Dinge haben ihren harmlosen Zweck verloren. Ihr Zweck scheint für den Trauernden nur noch der zu sein, ihn daran zu erinnern, dass die gemeinsame Geschichte zu Ende ist.

Über allem lastet ein eisiges Schweigen. Für die Trauernden ist es eine der großen Zumutungen, dass der Redefluss ringsum nicht abbricht und dass diejenigen, die nicht zum Kreis der Betroffenen gehören, weiterreden, als sei nichts geschehen. Was die Trauernden oft als billigen Trost zu hören bekommen, trifft jedoch zu: Das Leben geht tatsächlich weiter. Die Welt ist nicht aus den Fugen geraten. Die Wunde, die der Tod schlug, sieht niemand. Alles scheint in der altbewährten Ordnung zu sein.

Der Erfahrungsschock hat dem Trauernden ein anderes Auge verliehen. Er sieht das Brüchige in dieser alt bewährten Ordnung. Was ihm abhanden gekommen ist, ist das naive Zutrauen in den Normalzustand.

Der Trauernde hat nur zwei Möglichkeiten: Entweder verweigert er die Annahme seines Schicksals, oder er akzeptiert es. Das sind keine unschuldigen Alternativen. Sie entscheiden darüber, wie er weiterleben wird und ob es ihm gelingt, sich mit der äußersten Erfahrung, die auf einen Menschen zukommen kann, zu versöhnen und zu einer Lebenshaltung zu finden, die den Tod als letzte aller Möglichkeiten einschließt. Welchen Weg der Trauernde einschlägt, entscheidet nur er. Eine dritte Möglichkeit gibt es nicht. Welcher Weg wahr und richtig ist, vermag niemand vorweg mit Sicherheit zu sagen. Der Respekt vor dem Gewicht der Lebensaufgabe verbietet es geradezu, mit Ratschlägen und Empfehlungen zu kommen.

Die Geburt eines Kindes hat ganz andere Folgen. Auch hier gilt: Nichts ist mehr so, wie es vorher war. Die Lebensverhältnisse verändern sich bis in die kleinsten Details. Die wichtigste Änderung ist, dass aus dem Paar eine Familie geworden ist. Das Paar ist von nun an nicht mehr nur für sich, sondern für ein Drittes da.

Am Anfang ist von der Last dieser Aufgabe noch nichts oder nur ganz wenig zu spüren. Erst die Erfahrung wird lehren, dass das Leben mit Kindern alles andere als ein Sonntagsspaziergang ist, den man so nebenbei absolvieren kann, zum Vergnügen oder zur eigenen Entspannung.

Junge Paare ahnen erst die Dimension ihrer Verantwortung. Sie wissen, dass ein Wesen in ihr Leben getreten ist, das sie von nun an verteidigen und behüten müssen, und dass nur sie alleine dazu in der Lage sind.[7]

Elternschaft beginnt mit der bedingungslosen Anerkennung, mit der Bejahung eines Wesens in seinem unmittelbaren Dasein. Außer der Tatsache, dass das kleine Wesen da ist, hat die anfängliche Anerkennung keinen einzigen Bezugspunkt und wird durch nichts vermittelt: durch keine erbrachte Leistung, durch keine besondere Erfahrung und durch keinerlei Aussicht auf irgendeinen Gewinn.

Das kleine Kind ist faktisch ein Fremdling. Auch die Eltern kennen es nicht. Es hat sich ihnen bisher nur durch die Bewegungen im Mutterleib und die abstrakten Bilder auf dem Monitor des Ultraschallgeräts angekündigt. Wahrscheinlich nehmen viele junge Eltern gerade diese durch die technischen Apparate vermittelten Bilder so begierig auf, weil sie die ersten, flüchtigen Botschaften des Fremdlings aus einer Welt sind, die noch völlig unerschlossen ist, *terra incognita*, ein Land, das niemand kennt.

Die erste wirkliche Mitteilung ist das dünne, hohe Schreien des Säuglings: Urlaut der Kreatur, eine jämmerliche, erbärmlich einsilbige Sprache, durch die der Fremdling im Grunde nur fremder werden kann.

Aber die Eltern sehen zunächst nur es, das Kind. Die Anerkennung ist absolut einseitig und bleibt – vorerst, für lange Zeit, mitunter für immer – ohne Antwort. Elternliebe vollzieht sich in dieser Einseitigkeit. Ein Sich-Erkennen im anderen, das große Ereignis einer wechselseitigen Offenbarung der Liebe, findet nicht statt, weil es nicht stattfinden kann. Statt dessen hören die Eltern nur das einsilbige Schreien.

Beginnt hier die erste große Irritation? In die unbändige Freude, in diesen so selten erfahrenen Jubel der Lebensbejahung mischt sich eine elementare Furcht: *Was fehlt dir? Was willst du? Wer bist du?* Und das Kind schreit weiter, und den Laut, den es aus sich herauspresst, versteht niemand.

Manche Eltern ahnen das Ausmaß der Verlassenheit, in der sich das kleine Kind befindet, und mit dieser Ahnung geht ihnen die Dimension der Aufgabe auf, die vor ihnen liegt. Nur die bedingungslose, einseitige Anerkennung der Eltern gibt dem kleinen Wesen Atemluft und birgt es aus dem anonymen Lauf des Weltgeschehens: Es gibt zwei Stimmen, die es willkommen heißen; es wird geliebt. Verlassen zu sein ist nicht definitiv.

Deine Ankunft: Ersehnt, lange ersehnt. – Die Stunden im Kreißsaal: eine ewige Zeit. Ich dachte damals: So ist es im siebten Kreis der Hölle.

Als du da warst, war es unglaublich. Und dann kam dein Schrei. In der Mitte der Erde schrie es. Viele Kinder hatte ich schreien hören. Aber nie, nie zuvor hörte ich den Schrei aus der Mitte der Erde. Es war zum Erbarmen, und zu der Freude kam eine Angst hinzu, die mich nie mehr verlassen hat, seit es dich gibt.[8]

Ein Kind ist wie eine offene Wunde oder wie eine Tür, durch die das Unglück jeder Zeit in unser Leben eintreten kann.

Der Augenblick der tiefsten Liebe ist zugleich der Augenblick der tiefsten Angst. Sie ist Indiz dafür, dass es auf der Welt etwas gibt, das einen unendlichen Wert hat und durch keine noch so großen Schätze ersetzt werden könnte.

Elternschaft beginnt mit einer Wertschätzung, deren Maßstab nicht von dieser Welt ist. Was in der Welt zählt und Anerkennung findet, sind Macht, Erfolg und Besitz. Geschätzt wird, wer Leistung zeigt, Geld hat oder an den Schalthebeln des Machtapparates sitzt. Hinzu kommen heute diejenigen, die sich darauf verstehen, für Unterhaltung und gute Stimmung zu sorgen, die Stars des Showgeschäfts, des Sports und der großen, bunten Freizeitwelt. Anerkannt wird die Fähigkeit, sich in seinem Metier gehörig durchzusetzen. *Nur der Starke wird das Schicksal zwingen, wenn der Schwächling untersinkt,* heißt es bei Schiller.[9]

Für junge Eltern hat das keinerlei Bedeutung. Sie haben die üblichen Wertmaßstäbe verlassen, vorübergehend zumindest. Für sie ist etwas ins Leben getreten, das sich mit den Grobrastern der Wertschätzung überhaupt nicht fassen lässt. Nicht einem Helden gilt ihr Staunen. Alles Glänzend-Erfolgreiche, alles, was sich in bare Münze umrechnen lässt, hat für junge Eltern in einem

Punkte, der der wichtigste ihres Lebens wird, kein Gewicht. Sie schenken ihre Anerkennung einem schwachen, hilflosen Kind, und zwar ohne jede Voraussetzung und ohne jeglichen Grund.

Intermezzo

Ich schlendere auch bisweilen auf der Straße umher und überlasse mich meinen Gedanken und dem Eindruck, den die augenblickliche Umgebung hervorruft. Ich habe eine arme Frau gesehen; sie betrieb einen Kleinhandel, nicht in einem Laden oder einem Schuppen, sondern sie stand auf dem freien Platz, sie stand dort in Regen und Wind mit einem Kind auf dem Arm; sie selbst war reinlich und nett, das Kind sorgsam eingehüllt. Ich habe sie viele Male gesehen. Es kam eine vornehme Dame vorbei, die sie beinahe zurechtwies, weil sie das Kind nicht zu Hause lasse, und das um so mehr, als es ihr ja nur hinderlich sei. Und es kam dort ein Geistlicher desselben Weges vorüber, und er trat an sie heran, er wolle dem Kind einen Platz in einem Asyl verschaffen. Sie dankte ihm freundlich, aber Du hättest den Blick sehen sollen, mit dem sie sich niederbeugte und nach dem Kinde sah. Wäre es eingefroren gewesen, dieser Blick hätte es aufgetaut; wäre es tot und kalt gewesen, dieser Blick hätte es wieder ins Leben gerufen, wäre es vor Hunger und Durst verkommen gewesen, der Segen dieses Blickes hätte es erquickt. Aber das Kind schlief, und nicht einmal sein Lächeln konnte die Mutter belohnen. Sieh, diese Frau empfand, dass ein Kind ein Segen ist. Wenn ich ein Maler wäre, ich würde nie etwas anderes malen als diese Frau. Ein solcher Anblick ist eine Seltenheit, er ist wie eine seltene Blume, die man nur zu Gesicht bekommt, wenn man Glück hat. Die Welt des Geistes aber ist nicht der Eitelkeit unterworfen, hat man den Baum gefunden, so blüht er immer ...

Sören Kierkegaard
Entweder-Oder, S. 608

Der Säugling

Von der Änderung der Lebenspläne

Ernst wird es erst, wenn das Kind ins Haus kommt und die Zweisamkeit der Eltern definitiv ein Ende hat. Sie können nun nicht mehr das tun, woran sie sich als Paar gewöhnt haben. Alles Unsesshafte und Improvisierte, das dem Leben eine Spur von Abenteurlichkeit verlieh, ist vorbei, und die Wege, die ins Offene und Freie führten oder von denen man meint, sie führten dorthin, sind vorerst versperrt.

Das Leben hat eine völlig neue Gestalt angenommen. Es gibt nicht mehr die Fülle der Möglichkeiten, aus der man wählen kann, was einem passt, gefällt und gut tut. Mit der Gegenwart des Kindes ist etwas absolut Forderndes in die Wirklichkeit des Paares getreten, dem es sich nicht entziehen kann, und langsam kommt die Ahnung einer Einsicht auf, die für die nächsten Jahre bestimmend sein wird: *Das Aufziehen eines Kindes ist keine Spielerei.*[1]

Das Leben in der Fülle seiner Möglichkeiten vor sich zu haben, heißt, wählen zu können: Gehen wir heute abend zum Griechen oder schauen wir fern? Gehen wir in den Wald oder lieber in die Sauna? Spiele ich drei Stunden Klavier oder bestimme ich römische Münzen? Legen wir heute einen Lesetag ein oder gehen wir ins Kino? Besuchen wir die Freunde in der Stadt oder tun wir einfach nichts, zumindest nichts Bestimmtes?

Ein kluges Paar erkennt seine gemeinsamen Möglichkeiten und bringt mitunter das Kunststück fertig, sich gegenseitig zu genießen und den Garten der Lüste mit Umsicht und mit Phantasie sorfältig zu kultivieren.

In den saturierten Verhältnissen, in denen wir leben, sind die Wahlmöglichkeiten meistens harmlos. Selbst die Belastungen, die die Arbeit uns auferlegt, kann man – zumindest im Gedankenspiel – eine Zeit lang ablegen. Nichts ist hier notwendigerweise so, wie es ist. Nichts ist endgültig und ohne jegliche Alternative.

Es könnte ganz anders sein, wenn ich nur den Schritt wagen würde, mich aus den Forderungen auszuklinken, die die Arbeit jeden Tag auferlegt. Natürlich hätte das erhebliche Folgen: für die Konsumgewohnheiten und für die Art der bisherigen Lebensführung. Arbeit ist immerhin Mittel des Broterwerbs. Aber mitunter hat schon der Gedanke, man könnte die Belastungen des Jobs einfach vergessen, beiseite stellen und ihnen keine Beachtung mehr schenken, eine große befreiende Kraft.

Und ein Kind? Die leibhaftige Gegenwart eines Kindes? Vergessen? Beiseite stellen? Keine Beachtung schenken? In die gepflegten Lebensräume, in die hochkomplexen Arrangements des Paares, in das dünne und empfindliche Netz wechselseitiger Abhängigkeiten und Rücksichtnahmen, das kluge Paare mitunter über Jahre hinweg geknüpft haben, bricht plötzlich mit der Klarheit und Eindeutigkeit eines archaischen Gebotes ein Anspruch ein: *Sorge dich!*[2]

Dieser Einbruch ist die eigentliche Zumutung an moderne Paare. Gewöhnt daran, keinen Herrn über sich zu haben, der eine Forderung stellen könnte, gemeinsam Pläne zu schmieden und an dem sich abzuarbeiten, was auf ein Fortkommen hindeutet, das Beachtung findet und Wohlstand in Aussicht stellt, zieht eine Wirklichkeit auf, die nach Schweiß riecht, nach Blut, nach Exkrementen; eine Wirklichkeit, in der der gedämpfte Ton gepflegter Unterhaltung abrupt unterbrochen wird durch den Schrei der Kreatur.

Das Kind stört. Es stört die sorgfältig kultivierten Lebensräume, die Ordnung der Dinge, die Lebenspläne, die Karriereabsichten und die Selbstgenügsamkeit eines Lebens zu zweit. Nicht einmal die Geruchsgewohnheiten bleiben die gleichen. Vor allem: Das Kind fordert. Unerbittlich und ohne einen Aufschub zu dulden, klagt es in seiner einsilbigen Sprache Fürsorglichkeit ein: Stillen, Trösten, Pflegen, Reinigen, Beruhigen.

Selbst der Schlaf wird gestört. Im Schlaf zeigt sich die Natur von ihrer erbarmungsvollen Seite. Sie, die immerfort in Bewegung hält, gewährt Ruhe. Der Schlaf ist das große Pausieren in den Turbulenzen des Existierens. Nach harten Tagen wissen wir, was das heißt: zur Ruhe kommen, den Kopf niederlegen, die Glieder strecken, die Waffen ablegen, schlafen. Mit der Gewissheit eines Rhythmus kehrt der Schlaf in uns ein und wir geben uns ihm willig hin.

Der Schutz des Schlafes ist in weit zurückliegenden Zeiten vermutlich eine der anspruchsvollsten und womöglich gefahrvollsten Aufgaben der Gemeinschaften gewesen. Welchen Aufwand die modernen Gesellschaften betreiben, um den Schlaf ihrer Mitglieder zu schützen, bemerken wir kaum noch. Ist Lärm in der Nachbarschaft, greift sofort das Gesetz, und man redet von Ruhestörung.

In diese Selbstverständlichkeiten greift das kleine Wesen ein. Es ist ein Ruhestörer, und das über Wochen und Monate hin. Oder sollte ich besser sagen: über Jahre hinweg?

Die siebte Nacht ohne durchgängigen Schlaf. Alle zwei Stunden schreit das Baby. Beide sind wir jedes Mal hellwach. Beim Aufstehen das Gefühl, Blei in den Beinen zu haben. Überbrücke die Pausen mit Lesen. Es will nicht gelingen. Nach einigen Minuten verschwimmen die Buchstaben vor den Augen, und der Faden geht völlig verloren. Aber der Vorsatz gilt weiterhin: Ich lasse S., die mehr gefordert wird als ich, nicht alleine.

Carl, der das alles schon zweimal hinter sich hat, sagte gestern mit einem Unterton von Schadenfreude: «Das dauert noch ein paar Wochen.» An einen neuen Lebensrhythmus ist gar nicht zu denken, denn noch ist der Rhythmus des Babies völlig unberechenbar. Habe keine Ahnung, wie das auf Dauer durchzuhalten ist.[3]

Manchmal bringt ein intelligenter Werbespruch kollektive Motive und Lebensauffassungen mit einem einzigen Satz zum Ausdruck. Ein Geldinstitut etwa wirbt für seine Dienstleistungen mit einer zweiseitigen Anzeige. Auf der ersten Seite ist ein junges Paar abgebildet, das eng umschlungen auf dem Boden liegt. Darunter steht die Zeile: *Wenn man jung ist, will man nur das eine.*

Die zweite Seite macht dann klar, was *das eine* ist: *sich ganz auf die Karriere konzentrieren.*[4] Welcher Abstand zwischen Eltern und diesem Paar liegt, das für die zahllosen steht, die auf die Spur des Erfolgs und des Wohllebens zu zweit gebracht werden, macht die Reklame mit einem einzigen Bild deutlich.

Eine Freundin verbrachte seit ihrer Jugendzeit die Tage damit, Klavier zu spielen. Die Musik war ihre Leidenschaft und wurde später ihr Beruf. Konzerte waren für sie immer Zäsuren, kleine Höhepunkte in einem strengen, von zäher Arbeit geprägten Leben. Bei ihren Auftritten gab sie ihr Bestes. Sie vermittelten ihr das sichere Gefühl, auf einem guten, anspruchsvollen und erlebnisreichen Weg zu sein. Sie hatte ihr Publikum, war eine geschätzte Interpretin und liebte ihren Beruf und die Musik über alles. Mit den Härteerfahrungen ihrer Lebensführung war sie tief versöhnt, wenn es ihr gelang, das Schwerste anderen mitzuteilen. Es gelang ihr meistens.

Als junge Mutter stand sie zunächst vor dem Trümmerhaufen ihres bisherigen Lebens. An Konzerte war gar nicht mehr zu denken und mit dem täglichen Üben war ein für allemal Schluss. Der unsichtbare Isolationsraum, der sich im Laufe der Jahre um ihr Klavier gebildet hatte und den ihre engsten Freunde und Mitbewohner respektierten, hatte sich mit der Ankunft des Kindes völlig aufgelöst.

Ihr Mann war ebenfalls Musiker, Geiger in einem großen Symphonieorchester. Auch für ihn gab es, als das Kind da war, nur wenige Stunden am Tag, in denen er das tun konnte, was für ihn als Berufsmusiker unabdingbar war: regelmäßiges Üben, das Umsetzen des abstrakten Notenmaterials in klare und saubere Töne. Auch er hatte sich seinen Isolationsraum geschaffen, in dem er ungestört seiner Aufgabe nachgehen konnte. Doch nun musste er Rücksicht nehmen. Das Kind schlief oder die Mutter hatte sich zurückgezogen, um sich eine Weile auszuruhen. Rücksichtnahme hieß für ihn, dass er nicht mehr im Hause spielen konnte. Er mietete sich ein kleines Zimmer, um seinen Beruf weiter ausüben zu können.

In welcher Lebenslage junge Paare sich auch immer befinden: Es stehen Umbrüche an. Kinder fragen nicht danach, was ihre Eltern wollen. Sie können nicht danach fragen. Sie sind da und wollen versorgt sein, beschützt, gepflegt, getröstet, angenommen – geliebt. Das Kind kommt nach Hause und mit einem Mal ist alles anders. Wer glaubt, dass nur ein paar Umstellungen nötig sind, um der neuen Lebenslage gerecht zu werden, täuscht sich gründlich. Es ist nicht damit getan, die Möbel zu verrücken, das Haus auszubauen oder die äußeren Lebensumstände zu verändern. Es ändert sich das ganze Leben: die Gewohnheiten, der Tagesablauf, die Erfüllung der einfachsten Befürfnisse, die bisherigen Vorlieben, der Erwartungshorizont, das Einmaleins dessen, was man sich als erfolgreiches Leben vorgestellt hat.

Viele Eltern erfahren diese Umstellungen zunächst als großen Einbruch, vielleicht sogar als Schock. Was geschieht, sind lauter Beschränkungen: auf das Haus, in dem man aber keine Ruhe hat; auf einen kleinen Lebenskreis, in dem man jedoch alles andere als Erfüllung findet; auf zahllose Tätigkeiten, welche in einer Flut von Anforderungen und Bestimmungen zerflattern, die von außen kommen und derer man sich nicht mehr erwehren kann.

Wer Kinder aus der Erfahrung kennt, weiß, wovon die Rede ist: Überlastung, Gereiztheit, der Verlust des ästhetischen Empfindens, ein Leben in permanenter Unordnung, Unruhe und Sorge, kein Abstand mehr, keine Gelassenheit, sondern nur noch ein hektisches Agieren, das in eine ungute Erschöpfung ausläuft. Das ist Elternschaft, genauer gesagt: die realistische Lesart der ersten Erfahrungen, die Eltern machen. Wer diese Zeit – es sind nur Tage, Wochen, manchmal Monate, mitunter Jahre – verharmlost, wer glaubt, dass Eltern am Anfang dem Bild entsprechen, das sich durch die Darstellung der heiligen Familie vor der Krippe eingeprägt hat, sitzt einer Illusion auf. Am Anfang ist nicht heile Welt, sondern Stress, Arbeit und Verzicht. Nur die Werbung entwirft da andere Bilder. Die pretty babies der Werbebranche haben mit der Wirklichkeit nichts zu tun.

Kleine Kinder sind jeden Augenblick gefährdet. Ihre schwache, unausgebildete körperliche Verfassung ist keiner Gefahr gewachsen. Die größte Gefahr aber ist unsichtbar. Sie beginnt dort, wo in der Flut der alltäglichen Belastungen die elementare Beziehung der Eltern zum Kind wegbrechen kann. Liegt hier die Quelle jener Projektionen, die für das weitere Leben eines Kindes verhängnisvoll werden können? Vom Satz *Das Kind stört* bis hin zum Satz *Das Kind hat eine Störung* ist es nur ein ganz kleiner, ein winziger Schritt. Doch liegen zwischen beiden Sätzen Welten der Erkenntnis.

Beginnt so ein Leben zu Dritt? Ist der Anfang der Familie nur gekennzeichnet von Stress und – ich wage das Wort, was immer es wirklich bedeuten mag – Überforderung?

Die Eltern kommen heute nicht gut weg. Ganze Heerscharen von Kritikern lesen ihnen die Leviten und halten ihnen ihre Unterlassungen und Fehler vor allem während der ersten und wichtigsten Lebensmonate des Kindes vor. Egoistisch seien sie, die neuen Eltern, in den Selbstverständlichkeiten der Moderne etabliert, fixiert auf Wohlstand und Konsumansprüche, vernarrt in ihre eigenen Karriereabsichten und Selbstverwirklichungsinteressen und im Grunde nur noch orientiert an einem Leben ohne große Reibungsverluste.

Mit seltener Klarheit hat schon vor gut einem halben Jahrhundert Erich Fromm den großen Chor der kritischen Stimmen mit einem einzigen Satz zusammengefasst. Er schreibt: *... es gibt keine problematischen Kinder, sondern nur problematische Eltern.*[5] Das ist auch heute noch der Grundsatz im erziehungskritischen Klima. Man traut den Eltern nicht mehr viel zu. Und wenn die Lebensverhältnisse den Anschein erwecken, sie seien gelungen und die Kinder hätten in ihnen einen fruchtbaren Nährboden, dann fällt irgendeiner Stimme im großen kritischen Chor immer etwas auf, was dem Grundsatz der Kritik entspricht: Da kann doch etwas nicht stimmen.

Interessanter als diese Vorhaltungen und die in der Regel im Konjunktiv vorgetragenen Ermahnungen und Ratschläge (man sollte, man müsste, man könnte …) sind die Erkenntnisse der Menschen, die ihre Situation verstehen lernen und die Problematik ihrer Rolle, in die sie vorübergehend verwickelt sind, begreifen.

Ein Vater, der in der Gefahr schwebt, von den Belastungen der ersten Monate mit seinem Kind erdrückt zu werden und den Verstand zu verlieren, schreibt: … *es wurde nichts Menschenunmögliches von ihm verlangt, nur das Lassen der Gewohnheiten.*[6]

Dieser Vater hat für sich eine völlig neue Dimension der Selbsterkenntnis erschlossen. Er projiziert die Belastungen nicht auf andere, schon gar nicht auf das Kind, sondern begreift in einem hellen Moment, dass er es ist, der gefordert wird und es nur auf ihn alleine ankommt, mit den Belastungen leben zu lernen. Das *Lassen der Gewohnheiten* ist die Schwelle zur bewussten und gewollten Elternschaft. Nur wer diese Schwelle überschreitet, hat für sich die Möglichkeit geschaffen, ein Kind in einem anderen Licht zu sehen und es nicht als Last, als Störenfried oder als Fremdling zu erfahren.

Dieser Vater weiß zugleich: Das *Lassen der Gewohnheiten* ist das Schwerste und Anspruchsvollste beginnender Elternschaft. Übertreten junge Eltern diese Schwelle, muten sie sich zu, von sich selbst als Zentrum ihrer Wünsche, Ambitionen und besonderen Interessen abzusehen und sich nur auf das einzulassen, was der Tag ihnen abverlangt: Windeln wechseln, Essen zubereiten, immer wieder aufräumen, das Weinen verstehen, Tee kochen, das Kind trösten, ein Schlaflied singen, mit dem Arzt sprechen, Termine vereinbaren, Wunden verbinden, Spielzeug kaufen, Geschichten erfinden, spielen, planen für morgen, denn übermorgen ist schon ein Zeitpunkt, der in nebulöser Ferne liegt. Die Liste ließe sich fortsetzen und die Mütter wissen am besten, was ich zu nennen vergessen habe.

Das *Lassen der Gewohnheiten* bezieht sich nicht nur auf das, was wir unsere Interessen nennen. Wer gerne liest, kommt nicht mehr zum Lesen; wer gern Klavier spielt, nicht zum Spielen; wer daran gewöhnt ist, zu Hause ungestört zu arbeiten, kann diesen Luxus nur vergessen.

Viel mehr noch: Es ändern sich die Gewohnheiten bis ins Innerste der Sinne. Junge Eltern hören anders. Der Schlaf ist nicht erst vorbei, wenn das Kind schreit. Die Nacht im Bett vergeht mit Lauschen auf Geräusche. Fixiert auf den Moment, in dem das Schreien losgeht, beginnt die Ruhelosigkeit viel früher und wird zum Zustand.

Auch das Riechen ändert sich. Wir sind daran gewöhnt, üblen Gerüchen aus dem Weg zu gehen oder sie mit allerhand zur Verfügung stehenden Mitteln zu vertreiben. Wir erhalten uns den Lebensraum als wohltuenden Duftraum. Wenn ein Kind da ist und zum Mitbewohner wird, riecht alles anders, und der Geruch ist nichts für feine Nasen. Selten wird man so intensiv mit Exkrementen konfrontiert wie beim Wickeln eines Kindes. Als ich meinem ersten Sohn die erste Windel anlegte, wurde mir gründlich übel, und es dauerte ein paar Tage, bis dieser Ekel verschwunden war und das Anlegen der Windel keine Überwindung mehr kostete.

Auch die Augen sehen anders, zumal wenn wir zu Hause sind, im vertrauten Wohn- und Lebenskreis. Dort haben alle Dinge ihren Platz: der Stuhl vor dem Schreibtisch, ein altes Stück aus längst vergangenen Zeiten; die Bücher in den Regalen, genau geordnet nach bestimmten Merkmalen; die Bilder an den Wänden, gesammelt über Jahrzehnte hinweg; die Miniaturen auf dem Sideboard, Erinnerungsstücke an die langen Reisen; die Ledermappe mit den aktuellen Briefen; der PC, seit Jahren in der hellsten Ecke. Ein Kind verwandelt diesen Raum vollständig. Genauer gesagt, durch das Kind verwandelt sich unser Blick. Wir sehen das, was uns umgibt, mit anderen Augen. Der Wohnraum, der vertraut ist durch die Dinge, die zu uns gehören, weil wir mit ihnen schon seit langem leben, wird zum Gefahrenherd. Wie viele Steckdosen im Hause sind, weiß man erst, wenn man die Kindersicherungen eingebaut hat. Überall liegen Gegenstände, die herunterfallen können, befinden sich Kanten, die scharf und hart sind.

Ich habe diesem Text einen Satz des romantischen Dichter-Philosophen Friedrich von Hardenberg, der sich selbst Novalis nannte, vorangestellt: *Wo Kinder sind, da ist ein goldenes Zeitalter.*[7]

Als ich damals diesen kleinen Satz entdeckte, befand ich mich in einer langen Lesephase und mühte mich, so gut es eben ging, mit der modernen pädagogischen Literatur ab. So gut es eben ging, denn eines wollte sich beim Lesen dieser Bücher ganz und gar nicht einstellen, obwohl die Autoren um das Wohl der Kinder redlich bemüht waren: Ich wurde nicht infiziert. Oder sollte ich besser sagen, inspiriert? Es blieb das aus, was man als junger Leser von einem Buch erwartet, nämlich begeistert zu werden.

Und dann tauchte mitten in der spröden, am geordneten Gang der Dinge interessierten Prosa plötzlich dieses kleine Fundstück auf: *Wo Kinder sind, da ist ein goldenes Zeitalter.* Das war wohl der Satz, den ich damals so vergeblich suchte, ein Aphorismus bloß, ein Gedankensplitter, ein Einfall.

Nach Wochen stellte ich die Bücher in das Regal zurück. Dort stehen sie noch heute und sind inzwischen reichlich angestaubt.

Den Satz des jungen Dichters (Novalis starb im Alter von 29 Jahren) aber nahm ich begeistert auf. Darin wird eine völlig neue Melodie angestimmt, fernab von den Klageliedern, von denen die pädagogische Literatur voll ist.

Als ich dann selbst Vater wurde, las ich diesen Satz ganz anders, und es gab eine Zeit, in der ich dachte: *Nein, Friedrich von Hardenberg, wo Kinder sind, da sind Probleme.* Diese Lesart drängte sich nach konkreten Erfahrungen förmlich auf. Wenn das Kind ernsthaft krank wird, verliert man die Sprache der spontanen Begeisterung. Man wird klar und nüchtern und hat keinen Anlass mehr zum Jubel. Was damals zählte, war nur noch die Anzeige des digitalen Messgeräts: 39.6, 39.7, 39.9, das Kind im Fieberwahn, der glühende kleine Körper, Wadenwickel, die verzweifelte Suche nach dem richtigen Medikament, eine Ahnung vom Tod, vom Wegsterben; schließlich der Tropf in der Kinderklinik und das Röntgenbild mit den eindeutigen Schattenspuren auf der Lunge.

War das also nur romantische, schöngeistige Schwärmerei, eine Verharmlosung der Kindheit und der Kinder, die in Novalis' Satz zum Ausdruck kam? Entsprach der Gedanke vielleicht jenen

Bildern, die die Werbung heute ohne Unterlass in unsere Köpfe hämmert?

Als ich dann bei Hesiod nachlas, um genauer in Erfahrung zu bringen, was *das goldene Zeitalter* eigentlich sei, fand ich folgende Schilderung: Am Anfang, zur Zeit der Regentschaft des Kronos, schufen die Götter den goldenen Menschen.

Die goldenen Menschen *lebten wie Götter und hatten nicht Kummer im Herzen*,[8] waren frei von Not und fern von Mühen. Auch von der Belastung des Alters waren sie verschont, denn *allzeit behend an Beinen und Armen lebten sie freudig in Festen, weitab von allen Übeln*. Nicht einmal der Tod ging sie an; sie starben, *als käme ein Schlaf über sie*. Um ihre Existenz kämpfen zu müssen, war ihnen völlig fremd, denn *alle die Güter waren ihr Teil; Frucht brachte der nahrungsspendende Boden willig von selbst, vielfältig und reich.*

So weit Hesiod, der in seiner wunderbaren Sprache nur zusammenfasste, was damals jedem Kind in Griechenland geläufig war.

Aber kann dieser mythische Bericht ernsthaft den Sinn des kleinen Satzes von Novalis erschließen helfen? Das goldene Zeitalter als existentielles Schlaraffenland, als Zeit der Sorglosigkeit sowie der offenen und hellen Horizonte, als Zeit der Feste und des Müßiggangs?

Ich will eine andere Deutung versuchen, die den Gedankenblitz des jungen Dichter-Philosophen aus der Vorhaltung herauslöst, er sei schlichtweg naiv und nur schöngeistig-harmloses Harmonie-Gerede.

Wir Eltern haben mit Belastungen zu leben, die nicht mit einem existentiellen Schlaraffenland verglichen werden dürfen. Aber kommt nicht gerade dadurch, dass wir diesen Belastungen standhalten, ein neuer Glanz auf? Bringen Kinder nicht erst einen Ernst in unser Leben, der diesem ein Gewicht verleiht, das man in der Arbeitswelt vergeblich sucht? Werden wir nicht herausgehoben aus den Harmlosigkeiten eines bequemen Daseins, das sachte und seicht dahinschleicht? Finden wir nicht erst durch eine außerordentliche Belastung zu uns selbst? Wir sind gefordert, wenn ein Kind zur Welt gekommen ist, das heißt im Klartext: Wir werden mit uns selber konfrontiert, mit unserer Egozentrik, unseren Launen, Interessen und Wünschen. Das ist eine Erfahrung, die sehr, sehr selten ist. Was uns herausfordert, mitunter bis an die Grenzen unserer selbst, ist nicht irgendeine Aufgabe, die es zu erledigen gilt, sondern die Sorge um eine werdende Welt.

Vor unseren Augen spielt sich das Drama der Menschwerdung ab, und – ob wir das wollen oder nicht – wir spielen am Anfang dieses Dramas die Hauptrolle. Die Konturen dieser Rolle sind eindeutig festgelegt. Das Kind nimmt und wir sind die Gebenden. Zugespitzt formuliert: Am Anfang machen Eltern nur das, was die Kinder wollen. Sie stehen auf, wenn sie eigentlich schlafen wollen. Sie bleiben zu Hause, wenn sie eigentlich ins Kino gehen wollen. Sie hören mit der Arbeit auf, wenn sie eigentlich arbeiten wollen …

Die Musikerin, von der ich erzählte, hatte einen schweren Kampf mit sich selbst. Sie verstand ihre Aufgabe: *Es wurde nichts Menschenunmögliches von ihr verlangt, nur das Lassen der Gewohnheiten.*

Die ganze Schwerkraft ihres Lebens hing an diesem kleinen, unscheinbaren Wort *nur*. Sie konnte und wollte nicht aufhören zu spielen. Aber sie trat nicht mehr auf. Der Konzertbetrieb, in den sie verwickelt war, lief ohne sie weiter. Sie folgte der Forderung des Kindes und kehrte erst Jahre später in das Leben zurück, das sie für sich gewählt hatte, als sie noch sehr jung war.

Ob es für sie ein Verzicht gewesen sei, wollte einmal jemand von ihr wissen. Natürlich war es ein Verzicht, antwortete sie. Aber wer sie gut kannte, dem entging nicht, dass ein spöttischer Zug ihren Mund umspielte, als sie dieses Wort aussprach. Vom goldenen Zeitalter hatte sie in ihrem Leben eine Ahnung bekommen, die andere, die ihr sehr nahe standen, wohl viel genauer wahrnahmen als sie selbst: Sie hatte keinen Kummer im Herzen.

Intermezzo

Wie kann man sich selbst kennen lernen? Durch Betrachten nie-
mals, wohl aber durch Handeln. Versuche, deine Pflicht zu tun, und
du weißt gleich, was an dir ist.

 Was aber ist deine Pflicht? Die Forderung des Tages.

Johann Wolfgang von Goethe
Maximen und Reflexionen, Bd. XXI, S. 52

Das Kindsein muss das Menschwerden nicht hindern und das Menschwerden nicht das Kindsein.

Friedrich Schleiermacher

Zweite Abnabelung

Wenn man für andere denken und handeln muss

Am Anfang bestimmt das Kind, was geschehen und was nicht geschehen soll. Sein Rhythmus zählt. Es fordert. Es beansprucht. Es bestimmt. Es hat nicht das Sagen, es hat das Schreien. Sein Wille geschehe.

Die Verteilung der Rollen ist eindeutig und klar. In seiner Verlassenheit und Hilflosigkeit schreit das Kind nach Nahrung, Wärme, Schutz und Anerkennung und nur die Eltern können diesen Schrei beantworten: durch klares Handeln. Bleibt die Antwort aus oder wird sie nur halbherzig gegeben, durchzieht der Schrei – in welcher Lautstärke, Tonart und Gestalt auch immer – das weitere Leben des Kindes. Es bleibt auf der Suche nach Nahrung, Wärme, Schutz und Anerkennung.

Wie eine Lichtspur durchziehen diese ersten elementaren Erfahrungen das spätere Leben des Kindes. Es erfährt Verlässlichkeit nicht als verbale Forderungen, sondern als Summe zahlloser Handlungen.

Verlässlichkeit ist im Gang der Welt nicht vorgesehen. Die Welt an sich ist gleichgültig gegenüber dem Dasein des Einzelnen. Der Einzelne spielt keine nennenswerte Rolle. Indiz für die Gleichgültigkeit der Welt ist die Tatsache, dass wir – was immer wir auch tun und wo immer wir auch auf der Leiter der sozialen Rangordnung stehen mögen – zu jeder Zeit ersetzbar sind. Wer einmal einen Bruch in seiner Karriere erlebt hat, weiß, was es bedeutet, austauschbar zu sein und die eigene Position für einen anderen Menschen räumen zu müssen: Es geht weiter, ohne merkliche Reibungsverluste, ohne nennenswerte Störung im Getriebe des

Ganzen und ohne die geringste Stockung. Wer sich für unersetzbar hält, sitzt einfach nur einer großen Illusion auf.

Es ist vielleicht die entscheidende Kollektiverfahrung der modernen Zeit, mit der Zumutung leben zu müssen, dass die Welt schweigt. An unseren innersten Anliegen nimmt sie nicht teil. In der unendlichen Weite der Räume und Zeiten verschwindet das Individuum in der absoluten Bedeutungslosigkeit.[1] Im Lärm der Nachrichten und Informationen, die bis in die Wohnzimmer eindringen und mitunter den Eindruck vermitteln, sie seien in ihrer Aufdringlichkeit nur da, um die große Leere zu füllen, kommen wir nicht vor.

Sinnfällig wird die Situation des Menschen in einer an sich gleichgültigen Welt am Säugling. Das kleine Wesen, das die ganze Verwandtschaft am Anfang so wunderbar, so süß und hinreißend findet, liegt hilflos da, in erbärmlicher Weise angewiesen auf andere, ohne eigene Kraft, ohne eine Spur von Initiative und ohne die geringste Möglichkeit, aus eigenem Vermögen leben zu können.[2]

Vielleicht gibt es nur eine einzige tragfähige Chance, die Gleichgültigkeit der Welt im Nahbereich der Erfahrungen zu mildern. Diese Möglichkeit ist für das Kind in den Eltern gegenwärtig. Diese sind die großen wegweisenden Personen an der Pforte, die ins Leben führt. Sie gewähren Schutz und Geborgenheit. Sie sind diejenigen, die eine Ahnung von der Welt als Heimat vermitteln könnten, einem Ort, an dem sich leben ließe ohne den fortwährenden Zwang zur Verteidigung und zur Rechtfertigung. Durch die Eltern erhält die Welt für das Kind ein menschliches Gesicht: Statt Gleichgültigkeit erfährt es Verlässlichkeit und Treue und erhält einen Raum, in dem es so sein darf, wie es ist. Nur im unscheinbaren, stillen Kosmos der Liebe ist niemand ohne Weiteres austauschbar.

Wie lange aber gilt diese Verteilung der Rollen? Wie lange sind Eltern nur Gebende und ist das Kind nur ein Nehmender? Wie lange erfüllen Eltern kommentarlos die Wünsche ihres Kindes? Wie lange lassen sie sich bestimmen? Zwei Monate? Drei? Ein halbes Jahr? Ein Jahr? Zwei Jahre, drei oder noch länger? Anders formuliert: Wann hört die Zeit des Säuglings auf?

Die Fragen sind alles andere als rethorisches Beiwerk. Sie rühren an ein zentrales Problem im Umgang mit Kindern und signalisieren zugleich eine elementare Unsicherheit. Niemand weiß nämlich genau, wann die Zeit des Säuglings vorbei ist.

Folgt man den kritischen Beobachtern der Familienverhältnisse, so stößt man immer wieder auf die Diagnose eines Missverhältnisses. Inzwischen wird schon auf den Titelseiten der Tageszeitungen ein und dasselbe Klagelied gesungen: Lauter Kleinkinder säßen heute in den Schulklassen; grandios seien sie in ihren Ansprüchen, penetrant in der Artikulation ihrer Augenblicksinteressen und völlig unfähig, auch nur den geringsten Anspruch, den andere an sie stellen, an sich heranzulassen. Verschlossen in ihrem kleinen Ich tryrannisierten sie ihre Mitwelt. In einer regionalen Tageszeitung heißt es (ich zitiere diese Passage ausführlich):

Kinder in Deutschland leiden zunehmend unter seelischen Störungen. In den Grundschulen ist nach Schätzung eines Bonner Kinder- und Jugendpsychiaters heute jedes zweite Kind auffällig. Die Ursachen der Entwicklung, die der Psychiater als dramatisch beschreibt, sind vielfältig und miteinander verquickt, die Folgen fatal: «Die Kinder werden in ihrem Entwicklungsstand immer jünger.» Ob sie nun sechs, zehn oder zwölf Jahre alt sind: Ihr seelisches Alter entspricht oft dem eines Kleinkindes. «Zugespitzt heißt das: In den Schulen sitzen immer mehr Zwei- und Dreijährige.» … Klassische Erziehung findet nicht mehr statt. «Unbewusst projizieren Eltern eigene Bedürfnisse ins Kind.» Im übertragenen Sinn: Sie gehen für ihr Kind in die Schule. «Wenn das Kind eine Sechs schreibt, beschweren sich die Eltern beim Lehrer, weil sie meinen, sie selbst hätten versagt.» Als Folge betrachtet der Psychiater auch die zunehmende Missachtung. Von bindungslosen Kindern, die «mit nichts einen Vertrag haben», müssen Eltern sich schlimmste Beschimpfungen anhören. Aber: Eltern, die ihr Kind anhimmeln, «checken nicht einmal, dass sie missachtet werden», sondern bringen immer wieder Erklärungen und Begründungen für das Verhalten ihres

Kindes. «*Leider vergessen sie darüber, auf die Missachtung zu reagieren.*»[3]

Der Kritiker der Schulwirklichkeit, Horst Hensel, spricht in diesem Zusammenhang von den *neuen Kindern*, die die Schulen bevölkern, die aber von ihren inneren Voraussetzungen her gar nicht schulfähig seien. Im Allgemeinen sind sie nicht bereit, einer Anweisung zu folgen. Sie brauchen mehrere Aufforderungen, um überhaupt wahrzunehmen, was andere, zum Beispiel Lehrer, von ihnen wollen, was wiederum noch lange nicht bedeutet, dass sie den Anweisungen Folge leisten. Sie sind spontan und voller Ideen. Nur passt der Ideenreichtum nicht in den Schulzusammenhang. Sie agieren lustbetont und wenn sie keine Lust haben, werfen sie die Sachen einfach hin. Anstrengungen vermeiden sie am liebsten. Darum geben sie auch sehr schnell auf, wenn ihnen das, was von ihnen verlangt wird, nicht sofort gelingt. Ihr Weg ist der der größtmöglichen Bequemlichkeit. Sich Mühe zu geben, sich mit einer Sache länger zu befassen, sind für diese Kinder Verhaltensweisen aus dem Repertoire einer anderen Gattung. Darum sei, so Hensel, die *alte Schule* diesen Kindern (es werden immer mehr, meint er) auch nicht mehr gewachsen.[4]

Die Strophe dieses Klageliedes ist oft genug vorgetragen worden und ich will es mit dieser Skizze gut sein lassen und auch die fällige Polemik gegen die in ihrer Allgemeinheit groben Raster der vorgetragenen Kritik nicht weiter ausführen.

Als Michel de Montaigne einmal aufgefordert wurde, seiner essayistischen Sammlung doch einen Essay über die Erziehung hinzuzufügen, schrieb er:

… ich verstehe überhaupt nichts von der Sache, es sei denn dies: dass die größte und folgenschwerste Schwierigkeit der menschlichen Erkenntnis gerade hier zu liegen scheint, wo es um die Erziehung und Unterweisung der Knaben geht.[5] (Die Mädchen zählten damals noch nicht so sehr.)

Wenn ich diese Selbsteinschätzung Montaignes nun nicht nur als hübschen und zitierfähigen Satz aufnehme, der sich im skeptischen Gesamtklima der Gegenwartskultur ganz gut macht und dem die Zeitgenossen sofort zustimmen würden, wenn ich vielmehr diese Einsicht eines klugen Mannes, dem bei allem Witz und aller Begabung zum Humor das Kokettieren mit den wichtigsten Belangen des menschlichen Lebens fern lag, von Grund auf ernst nehme, dann drängt sich die Frage auf: Worin besteht denn die *größte und folgenschwerste Schwierigkeit der menschlichen Erkenntnis* zum Beispiel ganz am Anfang des Umgangs mit einem Kind? Wo liegt das Problem, das uns Eltern so zu schaffen macht?

Ich will eine Antwort versuchen. Die Erfahrung lehrt, dass wir Eltern am Anfang der Elternschaft weit entfernt sind von dem, was souveränes Handeln heißt. Ein sicheres Gefühl in der Beurteilung der Lage, ein klares Verständnis für die Belange des Kindes, ein ruhiges Ein- und Abschätzen von Motiven und Absichten: Alles das fehlt oder ist nur fragmentarisch da.

Eine große Belastung für die Eltern ist die ständige Konfrontation mit der einsilbigen Sprache des Kindes, die sie verlernt haben und sehr mühsam wieder lernen müssen, wenn sie sie verstehen wollen. Was fehlt ihm? Hat es Bauchweh? Hat es Hunger? Drückt etwas? Ist es durstig? Hat es Angst? Aber wovor nur?

Und dann können wir nicht anders: Wir wollen trösten, lindern, helfen. Wir nehmen das Kind auf den Arm. Wir schaukeln es, stundenlang manchmal, sprechen ihm gut zu, füttern es, geben ihm Tee, wechseln die Windeln und atmen schließlich tief durch, wenn das Schreien ein Ende hat und durch die sanfte Macht des Schlafes der kleine Körper wieder zur Ruhe findet.

Was aber geschieht, wenn der Schrei nicht mehr Ausdruck der Not ist, sondern – und hier liegt der entscheidende Punkt – der erste Befehl? *Your majesty, the baby* (Sigmund Freud) fehlt nichts. Es ist satt, ihm geht es gut. Aber es schreit. Was will es mitteilen? Gibt es sein erstes Kommando? Will es den Eltern sagen: Nun kümmert euch! Nehmt mich endlich auf den Arm! Sorgt euch! Ich bin da, und ich will eure Liebe, hautnah will ich sie spüren!

Das Problem ist, dass niemand mit Sicherheit sagen kann, was das Schreien wirklich bedeutet, ob es Ausdruck eines elementaren Schmerzes ist oder das erste Liebeskommando.

Ich muss, um das Problem angemessen auszuloten, ein wenig ausholen.

Vor gut zweihundert Jahren hielt der Königsberger Philosoph Immanuel Kant eine Vorlesung über Erziehung. Der Text hat wenig Beachtung gefunden und ist hinter seinen großen Werken völlig verschwunden. Zu Unrecht, wie ich meine.

Was Kant heraufkommen sah, ist ein Problem, das heute viele Familien beherrscht und Eltern in die schlimmste Verzweiflung treiben kann. Er nannte es den *Despotismus* des Kleinkindes.[6]

Das kleine Kind – so Kant – hat keine Ahnung von Regeln und Gesetzen. Wir würden heute sagen: Es kennt keine Grenzen. Es ist nicht in der Lage, sich in ein realistisches Verhältnis zu anderen zu bringen. Sein Verhalten ist zunächst völlig ichbezogen. *Es folgt … jeder Laune.*[7]

Hier sieht Kant das entscheidende Problem: *Wenn man ihnen in erster Jugend alle Launen erfüllt, so verdirbt man damit ihr Herz und ihre Sitten.*[8]

Und er fährt fort:

Das Kind freilich hat noch keinen Begriff von Sitten, es wird aber dadurch seine Naturanlage verdorben, daß man nachher sehr harte Strafen anwenden muß, um das Verderben wieder gut zu machen. Die Kinder äußern nachher, wenn man es ihnen abgewöhnen will, daß man immer auf ihr Verlangen hineile, bei ihrem Schreinen eine so große Wut, als nur immer große Leute deren fähig sind, nur daß ihnen die Kräfte fehlen, sie in Tätigkeit zu setzen. So lange haben sie nur rufen dürfen, und alles kam herbei, sie herrschen also ganz despotisch.[9]

… und alles kam herbei. Wann kommt alles, also vor allem die Eltern, nicht mehr herbei? Wann beginnt das, was – metaphorisch ausgedrückt – die zweite Abnabelung des Kindes ist?

Die erste Abnabelung war klar und eindeutig: ein chirurgischer Eingriff, ein Schnitt durch das schmerzunempfindliche Gewebe der Nabelschnur, Beendigung der organischen Symbiose von Mutter und Kind. Dieser Schnitt ist völlig undramatisch für die Mutter und für das Kind, und für die Geburtshelfer fast eine Nebensache.

Die zweite Abnabelung ist so eindeutig und schmerzlos nicht. Sie ist – wie die erste – ein Akt der Loslösung: Wann findet das Kind selbst in den Schlaf, ohne die Eltern als seine großen Trostspender in Anspruch nehmen zu müssen? Wann kommt es selbst zur Ruhe, ohne beruhigt zu werden? Wann wird es still, ohne gestillt zu werden?

Irgendwann in den ersten fünf, sechs Monaten stellen sich diese Fragen mit einer unerbittlichen Notwendigkeit, und von ihrer Beantwortung hängt ab, wie sich das Zusammenleben von Eltern und Kindern gestaltet. Wiederum sind die Antworten Handlungen, die weh tun. Im *Tagebuch eines Vaters* heißt es: *Ein unvergesslicher Tag. Zum ersten Mal nach der Geburt des Kindes gingen wir zusammen aus. Ein Freund hatte eingeladen, und wir konnten und wollten die Einladung nicht ausschlagen. Zwei Stunden waren eingeplant, zwei Stunden weg von zu Hause, weg vom Kind. Wir baten die Nachbarin, das Haus zu hüten und gaben ihr die Telefonnummer des Freundes: Wenn etwas sei, könne sie uns sofort erreichen.*

Als wir aus dem Haus waren, brach die große Unruhe aus. Jeder hütete sie vor dem anderen als sein Geheimnis. Aber wechselseitig spürten wir sie genau aneinander.

Der Freund begrüßte uns freundlich. Lange hatten wir uns nicht gesehen. Sofort bemerkte er, dass wir in Unruhe waren. Er war ein erfahrener Vater und wusste, was junge Paare umtreibt, wenn sie zum ersten Mal ihr Kind verlassen. Ja, wir hatten beide das Gefühl, das Kind verlassen zu haben und dieses Gefühl war mit einem schlechten Gewissen verbunden. Gab es nichts Dringlicheres zu tun als die Einladung zu einer Weinprobe anzunehmen?

«Was habt ihr?»

«Er ist alleine.»

«Alleine?»

«Nein, nein, die Nachbarin kümmert sich schon.»

«Na, dann ist doch alles klar.»

«Nichts ist klar.»

«Wieso?»

«Und wenn er schreit?»

«Dann müsst ihr ihn schreien lassen.»

Dieser Satz war damals für uns die äußerste Zumutung: Dann müsst ihr ihn schreien lassen.

Es ging an diesem Abend alles gut. Als wir zurückkamen, lag es friedlich in seinem Bettchen und schlief, und die Nachbarin saß in der Küche und las in ihrem Buch.

Aber es kam der Tag, an dem sich genau das abspielte, was der Freund uns prophezeit hatte. Nichts fehlte dem Kind, es war gesättigt, es war zufrieden, es musste sich wohlfühlen. So dachten wir jedenfalls. Aber das Kind schrie. Es schrie zehn Minuten, zehn lange Minuten. Es waren die schwersten Minuten unseres gemeinsamen Lebens. Wir griffen nicht ein. Wir taten nicht das, was nahe lag und was alle Welt von uns erwartet hätte: trösten, helfen, beruhigen.[10]

Kant, der kinderlos war, hatte gut reden: *So lange haben sie nur rufen dürfen, und alles kam herbei.* Wenn das Kind schreit, ist es das Naheliegende, herbeizukommen, also zu trösten und den artikulierten Wunsch umstandslos zu erfüllen.

Weniger nahe liegt es, nichts zu tun, passiv zu bleiben. Was Eltern sich in dieser Situation zumuten, ist das Aussetzen der spontanen Mitleidsreaktion, und nur Außenstehende können das missverstehen: als Härte, als Gleichgültigkeit oder als Machtspiel. Hinzu kommt die Ungewissheit, dass man nicht genau weiß, was das Schreien bedeutet.

Mit der Zeit lernt man, auch das Schreien zu verstehen. Elternschaft ist – wenn ich es mit einem Begriff der Philosophie ausdrücken darf – die Einübung in die Hermeneutik des Schreiens. Erfahrene Eltern können unterscheiden, ob ihrem Kind etwas fehlt, ob es wirklich in Not ist oder ob es seine Kommandos erteilt, wenn es schreit. Bei aller Erfahrung aber bleibt ein Moment der Unsicherheit. Wir können mit unseren Einschätzungen völlig falsch liegen. Was uns dann als Erziehungsfehler vorgerechnet wird, ist nichts anderes als eine Folge der Tatsache, dass nicht nur unser Verständnishorizont begrenzt ist, sondern dass wir im Verstehen selbst uns gründlich täuschen können.

Zum Schluss dieser Überlegung noch die entscheidende Frage: Warum ist die zweite Abnabelung notwendig? Ich will in aller gebotenen Kürze darauf antworten. Das Kind muss sich lösen können von diesen übergroßen Personen, die am Anfang seines Lebensweges stehen und die zunächst alles sind: Ernährer, Trostspender, Wunscherfüllungsgaranten und Mittler einer Welt, in der Teilnahme herrscht, nicht Gleichgültigkeit; Verständnis, nicht Schweigen; Anerkennung, nicht Kälte. Es ist gut, wenn wir den Kindern sehr früh signalisieren können, dass wir die Götter nicht sind, für die sie uns zunächst halten müssen. Nur so finden sie auf den Weg in ein eigenes Leben.

Intermezzo

Wir können uns nie in ein Kind hineinversetzen. Seine Vorstellungen bleiben uns verschlossen ...

Jean-Jacques Rousseau
Emile oder Über die Erziehung, S. 361

Man denkt mit der Uhr in der Hand, wie man zu Mittag ißt, das Auge
auf das Börsenblatt gerichtet – man lebt wie einer, der fortwährend
etwas «versäumen könnte».

Friedrich Nietzsche

Zeitnot und Muße

Wenn man lernt, sich Zeit zu lassen

Es war im Spätsommer vor gut zweihundert Jahren, genauer: am 3. September 1786, als Goethe zu seiner ersten italienischen Reise aufbrach. *Früh drei Uhr stahl ich mich aus Karlsbad, weil man mich sonst nicht fortgelassen hätte ... Ich warf mich, ganz allein, nur einen Mantelsack und Dachsranzen aufpackend, in eine Postchaise und gelangte halb acht Uhr nach Zwodau, an einem schönen, stillen Nebelmorgen.*[1] Drei Tage später, am 6. September, erreicht Goethe München, und am 8. September schreibt er in seinen Tagebuchnotizen auf dem Brennerpass: *Hierher gekommen, gleichsam gezwungen, endlich an einen Ruhepunkt, an einen stillen Ort, wie ich ihn mir nur hätte wünschen können. Es war ein Tag, den man jahrelang in der Erinnerung genießen kann.*[2] Acht Tage darauf beginnen die Tagebuchaufzeichnungen mit einer Beschreibung des Amphitheaters von Verona. Am 28. September, also mehr als drei Wochen nach Beginn der Reise, hat Goethe sein erstes großes Ziel erreicht: die Dogenstadt Venedig.

Goethe hatte Zeit und ließ sich Zeit. Er reiste – das war zweifellos sein Privileg – ohne besondere Verpflichtungen und ohne Termindruck. Ihn jagte nichts, ihn bestimmte nichts. Er hatte nur das Verlangen, das noch unbestimmt geliebte Land Italien von Grund auf kennen zu lernen. Was das Tempo seiner Reise betraf, hatte Goethe gar keine andere Wahl: Es ging nur langsam voran, von Station zu Station, von Gasthof zu Gasthof. Viel mehr als siebzig, achtzig Kilometer am Tag konnte man nicht zurücklegen. Doch genau dieses Tempo ist der Erfahrungshintergrund für den entscheidenden Satz des Reisetagebuchs: *Es war ein Tag, den man jahrelang in der Erinnerung genießen kann.*

Um so erstaunlicher für uns heute sind die Passagen im Tagebuch, in denen Goethe vom Gefühl schreibt, ein Gehetzter und Gejagter zu sein: *Die Postillons fuhren, daß einem Sehen und Hören verging; und so leid es mir tat, diese herrlichen Gegenden mit der entsetzlichsten Schnelle und bei Nacht wie im Fluge zu durchreisen, so freute es mich doch innerlich, daß ein günstiger Wind hinter mir herblies und mich meinen Wünschen zujagte.* An einer anderen Stelle heißt es: *... der Trieb, die Unruhe, die hinter mir ist, läßt mich nicht rasten, und ich eile sogleich wieder fort.*[3]

Wie sich die kollektiven Lebensverhältnisse und damit die Normalitätserwartungen im Laufe der letzten zweihundert Jahre verändert haben, machen diese kleinen Passagen aus Goethes Reisetagebuch deutlich. Eine Zeitspanne von drei Wochen, und das erste Ziel der Reise ist gerade einmal erreicht. Wir haben in diesem Zeitraum den ersehnten Familienurlaub schon hinter uns und sind – an welchem Ort der Welt wir auch immer waren – längst wieder zu Hause. Dieses Tempo gehört zu unseren Normalitätserwartungen, für Goethe und seine Zeitgenossen eine völlig abwegige Vorstellung.

Alles Wichtige kostet Zeit. Alles Wichtige hat seine Zeit und entzieht sich dem Diktat der allherrschenden Zeitökonomie. Das Problem nur ist: Zeit zu haben ist in den schnelllebigen Verhältnissen der modernen Welt der Luxus schlechthin. Was den Menschen heute abverlangt wird, ist Zeitersparnis. Sie sollen viel schaffen, viel leisten, aber das in möglichst kurzer Zeit. Für Produktionssteigerung sollen sie sorgen, aber keine Zeit dabei vergeuden, sondern eben einsparen. Zur Gewinnmaximierung sollen sie beitragen und die Uhr dabei ständig im Auge haben. Was herrscht, ist die Logik des Fließbandes, dessen Geschwindigkeit immer höher geschraubt wird. Spätestens seit der industriellen Revolution gilt: Wer in möglichst kurzer Zeit möglichst viel erreicht und leistet, hat gute Chancen, auf die Seite der Gewinner dieses Lebens zu kommen. *Wer langsam ist, gerät unter die Räder.*[4] Der physikalische Leistungsbegriff, der Arbeit in ein Verhältnis

zur Zeit setzt, ist bis in die äußersten Winkel der Lebensverhältnisse eingedrungen und dominiert weitgehend das Verhalten der
Menschen.

Michael Ende hat in seinem großen Roman *Momo* das Verhältnis
der Moderne zur Zeit in Form einer Kriminalgeschichte dargestellt. Den Menschen wird die Zeit von einer Bande von Zeitdieben gestohlen.
   An einer Stelle des Werkes geht es ausdrücklich um die alte,
alles entscheidende Frage: Was ist ein gutes Leben? Was haben wir
uns abzuverlangen, damit dieses Leben, das uns gegeben wurde,
nicht nur so dahinplätschert, von Tag zu Tag, von Ereignis zu Ereignis, von einer Banalität zur nächsten? Was gibt diesem Leben
wenigstens eine Spur von Würde, Ernst und Bedeutsamkeit? Die
erste Antwort, die der Roman auf diese Fragen gibt, ist zynisch
und wird von den Zeitdieben offen propagiert. Der ganze Me-
dienapparat steht ihnen dabei zur Verfügung und in Rundfunk,
Fernsehen und Tageszeitungen werben sie ohne jeden Skrupel
für ihre Sache. An den Hauswänden und Anschlagsäulen kleben
Bilder vom zukünftigen Glück, das den Menschen in Aussicht gestellt wird, wenn sie nur einer einzigen Aufforderung folgen,
nämlich Zeit zu sparen. Die Botschaften der Zeitdiebe sind kurz
und bündig:
   ZEITSPARERN GEHT ES IMMER BESSER!
   Oder: ZEITSPARERN GEHÖRT DIE ZUKUNFT!
   Oder: MACH MEHR AUS DEINEM LEBEN! – SPARE ZEIT![5]
   Das sind – in aller Kürze und Prägnanz – die Imperative einer
Welt, in der Zeitersparnis die Grundvoraussetzung von Produktivität und materieller Lebensfülle ist, was sich in Temposteigerung und Erfolgsmaximierung ausdrückt. Diese Welt ist – ob wir
das wollen oder nicht – unsere Lebensbasis, der sich niemand auf
Dauer entziehen kann. Wir sind Mitglieder der modernen,
schnelllebigen Verhältnisse und – machen wir uns da nichts vor –
auch ihre Nutznießer.
   Der gesellschaftliche Reichtum ist in einem welthistorisch nie
da gewesenen Maß angewachsen. Noch nie haben – zumindest in
Europa – so viele Menschen so sicher, abgefedert und befreit von

elementaren Existenznöten leben können wie in den letzten fünf Jahrzehnten. Technischer Fortschritt, Lebenserleichterung in allen Bereichen der physischen Existenz, medizinische Rundumversorgung, Rechtssicherheit und ein eng geknüpftes Netz sozialer Einrichtungen sind Selbstverständlichkeiten des modernen Lebens geworden, über deren dauerhafte Einlösung zur Zeit zwar heftig gestritten wird, die aber im Prinzip nicht in Frage gestellt werden. Mit anderen Worten: Die Geschichte der Moderne ist eine lange Kette von Erfolgsmeldungen und der Traum der Aufklärungsepoche, dass das Licht der Vernunft einmal die dumpfen und niedergedrückten Lebensverhältnisse aufhelle und überwinde, scheint in Erfüllung zu gehen.

Es sind, wie die Erfahrungen lehren, sehr zweifelhafte Erfolge. Der wissenschaftlich-technische Komplex zeigt inzwischen offen seine Fratze und fordert unerbittlich seinen Tribut für die Segnungen, die er zuteil werden lässt. In den schnelllebigen Verhältnissen der saturierten Gesellschaften – zwei Drittel der Menschheit sind von diesen Segnungen des Fortschritts allerdings ausgeschlossen[6] – macht sich das Gefühl breit, auf einer Rolltreppe zu stehen, die ins Ungewisse führt: immer aufwärts, immer schneller, immer mehr.

Nicht nur die Produktionsmaschinen laufen in einem ständig wachsenden Tempo, an das die Gründerväter des modernen Fabrikwesens nicht im Traum zu denken wagten. Die Temposteigerung hat uns selbst erfasst: unseren Leib, unsere Gefühle, unser Herz und unseren Kopf. Wir sind durch und durch auf Beschleunigung eingestellt. Wir werden überflutet von Informationen, die so vermittelt sind, dass man sich nicht lange und umständlich mit ihnen aufhalten muss. Wir werden gejagt von Terminen und sind fixiert auf Neues, das, sobald es in Erscheinung tritt, auch schon veraltet ist. Die Moderne, schreibt Gianni Vattimo, ist *das Zeitalter des Neuen, das veraltet und umgehend von einer neuen Neuigkeit ersetzt wird, und zwar in einer unaufhaltsamen Bewegung, die jegliche Kreativität im gleichen Moment entmutigt, indem sie sie als einzige Lebensform verlangt und auferlegt.*[7]

In der weltumspannenden Betriebsamkeit gibt es nichts, was schnell genug geht. Jedes erreichte Optimum steht sofort zur Disposition. Und alle zwei Wochen wird die Demonstration des Geschwindigkeitsrausches, die wahre Olympiade der modernen Zeit, zelebriert: die Formel 1, deren aktive Teilnehmer die Helden dieser Zeit sind, denen die passiven Teilnehmer entsprechend huldigen.

In Michael Endes Roman sind es die Kinder, die die Unstimmigkeiten in der verhexten Welt zuerst bemerken und die zunächst nur dumpf und passiv leiden. Sie fühlen, dass etwas von Grund auf nicht stimmt, und erst nach und nach erschließt sich ihnen das, was eigentlich vor sich geht.

Eines Tages treffen sich die Kinder bei Momo, die in der Ruine eines alten Amphitheaters wohnt, einem Ort, an dem die Kinder früher immer gerne spielten. Doch spielen können sie längst nicht mehr. Eine bedrückende und latent aggressive Stimmung beherrscht die kleine Versammlung, und als Momo die Kinder auffordert, doch zu erzählen, was los sei, erhält sie zunächst keine Antwort.

Die Kinder blieben stumm. Ihre Gesichter waren plötzlich traurig und verschlossen.[8]

Erst nach einer Weile des Schweigens beginnen sie von sich und ihrem neuen Leben zu erzählen. Ein Kind berichtet, die Familie habe jetzt ein neues, schönes Auto. Wenn Vater und Mutter Zeit hätten, würden sie es putzen und wenn es brav gewesen sei, dürfe es sogar beim Putzen helfen. Ein anderes Kind erzählt, es gehe jetzt jeden Tag ins Kino, damit es – wie die Eltern sagen – aufgehoben sei. Und trotzig fügt das Kind hinzu, es wolle gar nicht aufgehoben sein. Ein kleiner Junge meldet sich zu Wort und berichtet stolz von seinen neuen Märchenschallplatten, die er sich anhören dürfe, so oft er wolle. Sein Vater habe eben keine Zeit mehr, ihm etwas vorzulesen. Abends, wenn er nach Hause komme, sei er nur müde und habe keine Lust mehr zum Vorlesen. Auch die Mutter sei den ganzen Tag nicht zu Hause. Ein weiteres Kind weiß von einer Erfahrung zu berichten, die viele Kinder machen: Wenn es aus der Schule komme, wärme es für sich und den kleinen Bruder zuerst das Essen auf und laufe dann bis abends in der Stadt herum. Ein Bub prahlt, dass er zwar meistens alleine sei, aber viel mehr Taschengeld bekomme als früher. Da springt ein Kind auf und protestiert. Das sei ein Trick. Die Eltern wollten sich nur loskaufen und ihre Kinder loswerden, und heftig brechen die Sätze aus ihm heraus:

Sie mögen uns nicht mehr. Aber sie mögen sich selbst auch nicht mehr. Sie mögen überhaupt nichts mehr. Das ist meine Meinung.[9]

Doch dieser Ansicht widerspricht ein Kind energisch: Das sei nicht wahr, schreit es zornig. Seine Eltern würden es sehr wohl mögen. Sie hätten halt leider keine Zeit, aber das sei ja nicht ihre Schuld, und als Beweis für die Liebe der Eltern zeigt das Kind auf sein neues Kofferradio, das es geschenkt bekommen hat.

Nach diesem Schlagabtausch fällt die kleine Versammlung wieder ins Schweigen. Die Kinder sind erschöpft. Sie haben sich offenbart und plötzlich, ohne dass es einen sichtbaren Grund dafür gibt, fängt ein kleiner Junge an zu weinen. Als die anderen das bemerken, sehen sie den Weinenden nur traurig an, denn allen ist zum Weinen zumute und sie haben das Gefühl, verlassen worden zu sein.

... weil sie leider keine Zeit haben. Die Klage der Kinder ist die traurigste Stelle des ganzen Romans. Sie ahnen das Ausmaß ihrer Verlassenheit. Auch wenn es ihnen gut zu gehen scheint, was ihre materielle Ausstattung betrifft, fehlt ihnen etwas Entscheidendes und sie schwanken zwischen Schuldzuweisung und Entschuldigung hin und her.

Michael Ende hat ein sehr altes Motiv aufgegriffen und ihm eine neue, mit zeitgenössischen Erfahrungen durchsetzte Gestalt verliehen. Immer wieder tauchen in den Erzählungen und Mythen verlassene und einsame Kinder auf, um die sich niemand kümmert, für die niemand sorgt und die einer Welt ausgesetzt sind, in der Höllengefahren lauern: der kleine Ödipus, Romulus und Remus, Moses im Binsenkörbchen, das Kind in der Krippe, Sterntaler: *Es war einmal ein arm Kind, das hatt kein Vater und keine Mutter.*

In den alten Geschichten sind es einzelne Kinder, manchmal Geschwisterpaare, die in der Verlassenheit aufwachsen und derer sich eine gütige Macht – ein Gott, ein barmherziger Mensch, ein Tier – annimmt und sie rettet. Mitunter sind sie Auserwählte, und die Götter haben mit ihnen Großes vor.

Erst zu Beginn des 19. Jahrhunderts bleibt die Stelle der rettenden Macht vakant, und mit Georg Büchners Version des *Sterntalers* beginnt der Erzählstrom der völligen Desillusionierung: *Es war einmal ein arm Kind, und hatt kein Vater und keine Mutter, war alles tot und war niemand mehr auf der Welt. Alles tot, und es is hingangen und hat gesucht Tag und Nacht. Und weil auf der Erde niemand mehr war, wollt's in Himmel gehn, und der Mond guckt es so freundlich an; und wie es endlich zum Mond kam, war's ein Stück faul Holz. Und da ist es zur Sonn gangen, und wie es zur Sonn kam, war's ein verwelkt Sonneblum. Und wie's zu den Sternen kam, waren's kleine goldne Mücken, die waren angesteckt, wie der Neuntöter sie auf die Schlehen steckt. Und wie's wieder auf die Erde wollt, war die Erde ein umgestürzter Hafen. Und es war ganz allein, und da hat sich's hingesetzt, und da sitzt es noch und is ganz allein.*[10]

Ein neues Phänomen in der Geschichte der großen Erzählungen ist die Darstellung von vereinsamten Kinderkollektiven. In Michael Endes Roman sind es die Kinder der großen Stadt, die alle ein gemeinsames Schicksal haben, und es ist kein Zufall, dass einige Kinder keinen Namen haben, geht es doch um das namenlose Schicksal aller; ein Schicksal, das nicht auf einen Unglücksfall oder auf tragische Lebensumstände zurückzuführen ist. Die Kinder verbindet eine kollektive Negativerfahrung, die mit ihrer Lebensverfassung und mit dem Zustand der Welt, in der sie zu leben haben, zusammenhängt: Niemand hat Zeit für sie, niemand kümmert sich um sie. Sie bleiben nur noch sich selbst überlassen, während die Eltern ihr schlechtes Gewissen (das sie immerhin noch haben) mit Geschenken, Taschengelderhöhungen und ungedeckten Versprechungen kompensieren. Was davon zu halten ist, haben die Kinder längst durchschaut: *Sie mögen uns nicht mehr.*

Was die Kinder in Michael Endes Roman in ihrer traurigen Versammlung besprechen, pfeifen inzwischen die Spatzen von den Dächern. Die Erziehungskritiker haben sich längst auch dieses Themas angenommen und reproduzieren unermüdlich in zahllosen Variationen die kritische Einsicht: Mit den Kindern kann es nichts werden, wenn die Eltern keine Zeit mehr für sie haben. Was die Eltern statt dessen gäben, seien Surrogate: Kram, Konsum, Geld.

An zentraler Stelle ihres Buches über *Erziehung im Konsumrausch* schreibt Astrid von Friesen bissig und polemisch: *Der Gang ins Kaufhaus: das letzte Abenteuer für das moderne Shopping-Mall-Kid.*[11] Kaufen – verzehren, kaufen – verzehren. In diesem öden Kreislauf seien die meisten Kinder gefangen, und in ihm scheine sich ihr Welt- und Selbsterleben zu erschöpfen, weil sich die Eltern aus Zeitmangel auf die Kinder nicht mehr von Grund auf einlassen könnten. *Die Frage der Warenqualität ist zu einer der Lebensqualität geworden,*[12] konstatiert die Kritikerin.

Doch was wäre, wenn wir wirklich Zeit hätten, wenn diese rastlose Betriebsamkeit, in die wir alle – mehr oder weniger – verwickelt sind, mit einem Schlag ein Ende hätte? Was wäre, wenn Eltern sich auf ihre Kinder und ihre innersten Anliegen einlassen könnten?

Es gibt zahlreiche Situationen, in denen Zeit in Hülle und Fülle zur Verfügung steht, die Tage nicht verplant sind und man wirklich frei ist: die Ferien, die Feiertage, die Wochenenden zum Beispiel.

Heute steht für diese freie Zeitspanne ein Wort zur Verfügung, das mein alter Rechtschreibeduden aus dem Jahre 1958 noch nicht verzeichnet: Freizeit. Es ist eines der großen Schlüsselworte der Gegenwart, dessen Anziehungskraft die Generationen erfasst hat und ihr gemeinsames Band ist. Es signalisiert, dass es etwas anderes gibt als ein Leben in der rasenden Tretmühle des Alltags.

Freizeit ist die andere Zeit, ein Leben ohne Verpflichtungen und Termine, ohne das bleierne Wochentagsgefühl, das aus den Zwängen der Arbeit resultiert. Freizeit ist befreite Zeit: Keiner sagt mehr, was zu tun ist. Niemand verlangt mehr eine Rechtfertigung. Statt dessen liegen die Grillwürstchen bereit, das Bier steht im Kühlschrank, und die Liegestühle sind auf der Wiese; Sommerwetter, leichte Musik, ein federleichtes Daseinsgefühl, und tausende und abertausende von Stimmen säuseln im Hintergrund immerzu die gleiche Botschaft von der Freizeit als der anderen und wahren Zeit:

Leben ist mehr als Rackern und Schuften.[13]

Die Attraktivität der Freizeit hat quasireligiöse Dimensionen angenommen. Der moderne Arbeitsmensch, der Zeit hat und sein Leben nicht in der Dauerbelastung durch den Beruf verbringen muss, führt an sich selbst noch einmal die alten Spaltungen durch, von denen die Hochreligionen bestimmt sind: die Spaltung zwischen Diesseits und Jenseits; zwischen dem Reich der Notwendigkeit und dem Reich der Freiheit; zwischen einer Welt, die zur Arbeit zwingt, und einem Land, in dem Milch und Honig fließen.

Üppig fließt das Leben in der Freizeitwelt. Oder sollte ich besser sagen, es schwingt? Es schwingt im Rhythmus leichter, eingängiger Musik. Kein Wunsch, der nicht Erfüllung fände, auch wenn er noch so raffiniert und ausgefallen ist. Die einzige Voraussetzung für die Erfüllung ist das nötige Kleingeld. Die Freizeitwelt ist das gelobte Land, das mit gültiger Kontokarte sofort zur Verfügung steht. Folgendes jedenfalls ist völlig überflüssig geworden: Anstrengung, Arbeit an sich selbst oder die Kultivierung der eigenen Lebensverhältnisse. Der Zugang zur Freizeitwelt ist leicht, hat man das Kleingeld in der Tasche, das die gigantische Traumerfüllungsmaschine unablässig verschlingt.

Entsprechend leicht und locker gestaltet sich das Leben. Alles, was auch nur von Ferne den Anschein erweckt, es störe nur diesen Lebensstil, bleibt draußen. Krankheit, Tod, Verzweiflung, die Lasten des Alters, überhaupt alles Ernste und Bedenkenswerte haben in dieser Welt nichts verloren. Die inszenierte Fröhlichkeit schürt fortwährend die Illusion, dass das Leben nichts anderes sei als eine große, ewige Party.

Und die Kinder? Werden sie mit dieser Illusion womöglich groß? Das Leben als Spaßveranstaltung? Die Welt als große Übermutter, die bedient und unablässig alle Wünsche und Begehrlichkeiten von den Lippen abliest? Die Welt als ein einziger Supermarkt, durch den man nur zu gehen hat, um sich zu nehmen, was man braucht? Die Familie als Organisationsagentur des unersättlichen, maßlos gewordenen Konsums?

Der Umstand, Zeit zu haben, besagt noch gar nichts über die innere Qualität der Lebensverhältnisse. Man kann Zeit in Hülle und Fülle haben, man kann sie mit allem Möglichen ausfüllen, man kann Zeit sogar totschlagen. Man kann von einer Aktion zur nächsten jagen und die Kinder in diesen ganzen Trubel verwickeln, als sei es das Normalste von der Welt.

Die Frage nur ist (und sie ist die wichtigste, die sich mir stellt): Ist das Leben, das wir mit den Kindern führen, gut? Oder bescheidener formuliert: Sind wir auf einem guten Weg? Wie haben wir die Welt anzusehen, um sie den Kindern wirklich zeigen zu können? Ist es möglich, zum Beschleunigungsdiktat der modernen Lebensverhältnisse, in das wir alle mehr oder weniger gezwängt sind, in Distanz zu treten, damit die Kinder ihre Zeit erhalten und wir die unsere? Was haben wir zu tun, damit wir uns als Gemeinschaft, als Familie erfahren können, deren Mitglieder sich nicht nur gegenseitig nerven, sobald die Wunscherfüllungsmaschine ins Stocken geraten ist und nicht mehr reibungslos funktioniert? Haben wir uns vielleicht im Umgang mit Kindern auf ein ganz anderes, ein nicht-modernes Zeitverhältnis einzulassen?

Lehre uns unsere Tage zählen, dass das Herz weise wird, heißt es in den alten Psalmen.[14]

Wer gelernt hat, seine Tage zu zählen, hat für sich die Möglichkeit eröffnet, sich gründlich Zeit zu lassen. Er kann die Welt mit ruhiger gewordenem Blick ansehen. Sie ist für ihn nicht mehr nur das unerschöpfliche Reservoir des Konsumierens und des egozentrischen Genusses. Hektik und Panik versucht er zu überwinden. Arbeit ist für ihn nur ein Teil des Lebens. Wenn er ihr nicht einen anderen Sinn abgewinnen kann, betrachtet er sie mit

Gelassenheit als seinen Broterwerb. Er weiß, dass es Anderes und Wichtigeres gibt.

Für Kinder hat er nicht nur Zeit, er schenkt ihnen seine Aufmerksamkeit. Er kann die Dinge, Menschen und Verhältnisse sein und geschehen lassen, ohne dabei das Gefühl zu haben, etwas zu verlieren. Was ist und was geschieht, betrachtet er, ohne gleich an einen Zweck, an einen Nutzen zu denken. Er weiß sehr wohl, dass der Nutzen das *Idol der Zeit ist*[15] und hat gute Gründe dafür, diesem Idol nicht ohne Weiteres zu dienen. Zudem entwickelt er in sich eine Zärtlichkeit für alles das, was in der flüchtigen Weltwahrnehmung als belanglos und bedeutungslos erscheint und dementsprechend zynisch abgetan wird. In den Kindern sieht er zuerst die großen Lernenden, schöpferische Wesen, die in einer frischen und noch ganz naiven Weise offen sind für die Rätsel, Schätze und Geheimnisse der Welt.[16]

Wer sich Zeit lässt, hat nicht Freizeit. Er hat Muße. Das alte Wort umschreibt eine Lebensbereitwilligkeit, die dem Tod ins Auge gesehen hat. Mit dem betulich sonntagsphilosophischen Gerede, das die Muße anpreist als die angemessene Freizeit für den verwöhnten Geschmack, hat er einfach nichts zu schaffen.

Wer Muße hat, wird offen. Er lernt das Schwierigste, er lernt verstehen. Gründlich nabelt er sich ab von allem Bescheidwissen, das immer schnell zur Hand ist. Andere, vor allem Kinder, sind für ihn ein Rätsel, das es gilt, verstehen zu lernen. Er kann sich auf die Weltfülle einlassen und bildet in sich eine Haltung aus, die ihn dazu befähigt, *vor dem Kleinsten zu verweilen*.[17]

Eltern haben einen wunderbaren Wegweiser in diese Denk- und Lebenshaltung. Sie haben sie angenommen, als das Kind zur Welt kam, es vor ihnen lag und sie das große Staunen packte. Damals haben sie *vor dem Kleinsten verweilt*, und wenn es vielleicht auch nur ein Augenblick war, so war diese Erfahrung nicht irgendeine. Waren sie nicht überwältigt von diesem einbrechenden Ereignis, dass ein Mensch zur Welt kommt?

Aus diesem Augenblick kommt ein klarer Auftrag. Ich will ihn als Frage formulieren: Wie ist es möglich, dieses anfängliche Staunen zu bewahren? Oder anders formuliert: Wie ist es möglich, die ekstatische Erfahrung der Liebe mitzunehmen in die prosaischen Verhältnisse des Daseins zwischen Aldi-Einkauf, Kartoffelschälen und Windeln wechseln? *Dass* es möglich ist, bezeugen alt gewordene Paare. Sie leben vor, dass Liebe dauern kann und ihre Leuchtkraft nicht in einer Nacht des Rausches und der ekstatischen Vereinigung verpufft. Das Problem der Liebe ist ihre Beständigkeit und Dauerhaftigkeit oder – mit anderen Worten ausgedrückt – ihre Wirkkraft im Alltag. In den schnelllebigen Verhältnissen, in denen wir uns befinden, hat sich dieses Problem bis ins Äußerste zugespitzt.

Ein Gedanke noch zu Michael Endes *Momo*. Der entscheidende Satz eines Kindes in der traurigen Versammlung bei Momo bezieht sich gar nicht auf den Umstand, dass die Erwachsenen keine Zeit mehr haben. Der kleine Junge geht einen Schritt weiter und bringt in seiner Sprache das Problem auf den Punkt. Mit großer Heftigkeit brechen die Sätze aus ihm heraus: *Sie mögen uns nicht mehr. Aber sie mögen sich selbst auch nicht mehr. Sie mögen überhaupt nichts mehr. Das ist meine Meinung.*

Mit Kindern leben – das ist mein Wunschtraum – ist wie eine große Schöpfungswoche: schaffen, gestalten, ins Klare bringen – bauen, pflegen, in Ordnung halten – forschen, entdecken, im Gespräch sein – eine Ahnung von der Welt als Heimat und von der Familie als einem Ort, an dem jeder der sein darf, der er ist.

Dostojewskij sagte einmal, dass unsere innigsten Wünsche nur in verzerrter Gestalt Wirklichkeit werden. Wenn dem so ist: Hätten wir uns mit den verzerrten Gestalten zu versöhnen?

Intermezzo

Am Vorabend des Versöhnungstages ... waren alle Chassidim im Bethaus versammelt und warteten auf den Rabbi. Die Zeit verging, er kam nicht. Eine der Frauen sprach zu sich: «Es dauert wohl noch eine Weile, bis angefangen wird, und ich habe mich so sehr beeilt, und mein Kind ist allein zu Haus geblieben, da will ich doch schnell nach ihm sehen, ob es nicht aufgewacht ist, in ein paar Minuten bin ich wieder hier.» Sie lief hinüber, horchte an der Tür, es war still. Leise drückte sie die Klinke nieder, steckte den Kopf vor, da stand der Rabbi und hielt ihr Kind im Arm, dessen Weinen ihn auf dem Weg zum Bethaus hergelockt hatte. Er hatte mit ihm gespielt und ihm vorgesungen, bis es einschlief.

Martin Buber
Die Erzählungen der Chassidim, S. 535

Denn nur insofern wir mitempfinden, haben wir Ehre, von einer Sache zu reden.

Johann Wolfgang v. Goethe

Erziehung

Wenn man nicht umhin kann, Stellung zu beziehen

Muss das nun sein, ein Kapitel über Erziehung, über dieses unselige, unerquickliche und inzwischen reichlich abgegriffene und schmuddlig gewordene Thema? Klirren nicht allenthalben die Waffen?

Düstere Gedanken drängen sich auf, Gedanken an die Exzesse der Gewalt, die im Namen der Erziehung, und das heißt immer auch im Namen des Guten und Besseren, stattfanden und weiterhin stattfinden; an die Torturen, die den Leibern und Seelen widerfuhren, um sie auf den rechten Weg zu bringen; an das unsägliche Leid, das ertragen wurde und an dem so mancher zerbrach.

Gute Erziehung ... ist das, woraus alles Gute in der Welt entspringt, sagt Kant.[1] Und an anderer Stelle schreibt er: *Es ist entzückend, sich vorzustellen, dass die menschliche Natur immer besser durch Erziehung werde entwickelt werden und dass man diese in Form bringen kann, die der Menschheit angemessen ist. Dies eröffnet uns den Prospekt zu einem künftigen glücklichen Menschengeschlechte.*[2]

Der kritische Zeitgenosse hat heute, nach einem *Jahrhundert des Kindes,*[3] nach einer Ära der großen und ehrgeizigen pädagogischen Ambitionen, Pläne und Projekte, für solche Sätze nur noch ein müdes Lächeln übrig: Gute Erziehung? Ist das nicht schon ein Widerspruch in sich, eine abgenutzte Formel für sonntagsphilosophische Festredner oder womöglich nur noch eine Lüge? Ausgerechnet die Erziehung als Quelle und als Mittlerin des Guten? Hat sie nicht die innere und äußere Sklaverei verfestigt und die Zugänge zu einem frei atmenden Ich zugeschüttet? Wurde dieses Ich nicht begraben unter einer gigantischen Lawine gut gemeinter Worte (*Ich will ja nur dein Bestes!*) und – das ist das Entscheidende – gut gemeinter Taten?

Es hat den Anschein, als könnten viele schon das Wort «Erziehung» nicht mehr hören. Es hat einen scharfen Klang bekommen. Erziehung, Zucht, ziehen, züchtigen: Die Assoziationskette ist nicht nur eine Angelegenheit für Etymologen.

Ein Zeichen dafür, dass Begriffe nicht nur fragwürdig sind, sondern sich abgenutzt haben, ist der Umstand, dass sie bisweilen im schriftlichen Sprachgebrauch in Anführungszeichen gesetzt werden: «das Gute», das «richtige Leben», «normal» .

Auch das Wort «Erziehung» findet man häufig in Anführungszeichen vor. Die Frage ist: Was signalisieren diese vier harmlosen, kleinen Striche? Ist das Wort vielleicht mit Inhalten besetzt, die zutiefst fremd geworden sind? Hat diese sprachliche Vorgehensweise vielleicht etwas zu tun mit dem Fremdwerden der ganz großen Worte, die wir lieber meiden?

Aufschluss können die entscheidenden Stellen in den alten Schriften geben. Lange bezog man sich auf sie, und das aus durchweg respektablen Gründen.

Wer lieb hat seinen Sohn, hält stets den Stock für ihn bereit, damit er sich am Ende freuen kann, heißt es im Alten Testament bei Jesus Sirach.[4]

Der kritische Zeitgenosse kann solchen Vorstellungen nur noch eine Abfuhr erteilen: *Jede Erziehung ist Zwang, Gewalt, Vergewaltigung, bricht Widerstand, bringt Unfrieden, ist schließlich immer die Macht des Stärkeren.*[5]

An anderer Stelle bei Jesus Sirach heißt es: *Wer seinen Sohn bestraft, wird Freude an ihm haben und sich vor den Bekannten seiner rühmen können.*[6] Denn *verzärtle deinen Sohn, so setzt er dich in Schrecken, scherze mit ihm, so wird er dich betrüben!*[7]

Erziehung, schreibt ein Kritiker der Pädagogik, sei nichts anderes als die *sozialisierte Äußerungsform der Menschenverachtung.*[8]

Klar und ohne eine Spur von Skrupeln, Bedenken oder Rücksichtnahme äußerte sich, wie es mitunter seine Art war, Luther: *Willst du nun nicht Vater und Mutter gehorchen und dich lassen ziehen, so gehorche dem Henker ... gehorche dem Streckebein, das ist der Tod.*[9] Der moderne Zeitgenosse kann darüber nur den Kopf schütteln. Gehorsamkeit ist eines jener völlig fremd gewordenen Worte, Relikt aus einer entlegenen Zeit, die er vom Hörensagen vielleicht noch kennt, doch die ihn weiter nichts mehr angeht. Die dritte Zeile des Herren-Gebets ist für den heutigen Menschen die eigentliche Zumutung: *Dein Wille geschehe ...* Er duldet einfach keinen Herren mehr über sich.

Gehorsam, heißt es in den Texten zur Erziehung, die eine Wochenzeitschrift kürzlich regelmäßig publizierte, sei *die Grundvoraussetzung für jede Erziehung, ebenso wie für Diktatur und Krieg.*[10] Gemeint war: Krieg ist schlecht; Diktatur ist schlecht; beides gründet auf Gehorsam; auch Erziehung gründet auf Gehorsam; also ist Erziehung schlecht.

Ähnliche Töne wie Luther, nur moderater und ohne den Henker und Streckebein im Hintergrund, schlug Kant an: *Im Anfang muß das Kind freilich blindlings gehorchen.*[11] Oder an anderer Stelle: *Zum Charakter eines Kindes ... gehört vor allen Dingen Gehorsam.*[12] Oder: *Die erste Epoche bei dem Zögling ist die, da er Unterwürfigkeit und einen passiven Gehorsam beweisen muß.*[13] Und als Erfahrungswert hält Kant fest: *Verabsäumung der Disziplin ist ein größeres Übel als Verabsäumung der Kultur, ... ein Versehen in der Disziplin kann nie ersetzt werden.*[14]

Bedarf das noch eines Kommentars? Muss noch einmal der Zeitgenosse auftreten? Ich denke, er hat bereits entschlossen seinen Unwillen kundgetan und klar und deutlich formuliert, was er von alledem hält: nämlich nichts.

Was aber ist mit den Kindern? Wenn sich der Begriff der Erziehung als Negativum darstellt, besetzt mit Inhalten und Ansprüchen, mit denen man sich – um alles in der Welt – nicht mehr identifizieren kann, ist das ohne jeden Zweifel eine respektable Angelegenheit: Man will verstehen und – geübt in der Kritik und der Aufdeckung des Falschen – sich absetzen von dem, was war und einmal galt.

Man will ermitteln, wo man eigentlich steht in der langen Geschichte der kulturellen Evolution. Das ist die eine Seite.

Die andere Seite ist die Wirklichkeit. Hat sich die Erziehung der Kinder erledigt, weil man den Begriff der Erziehung in seinen brutalen, menschenfeindlichen und lebensabtötenden Fassetten durchschaut hat? Kann man also seine Hände in den Schoß legen und den Dingen ihren Lauf lassen? Ist Erziehung nur noch etwas für zurückgebliebene schlichte und altmodische Gemüter, die verschlafen haben, was der Geist der Zeit ihnen abverlangt?[15]

Ein ganzes Jahrhundert haben sich die Besonnenen und Nachdenklichen daran abgearbeitet, dem Begriff der Erziehung einen neuen, positiven Sinn abzugewinnen. Ihre Frage war: Gibt es andere Wege als die Predigt und die Peitsche, und ist ein anderes Verhältnis zu Kindern denkbar als das der klaren Hierarchie, der Bevormundung und des Auslebens der moralischen Überlegenheit?

Das 20. Jahrhundert war keineswegs nur das Jahrhundert, in dem sich totalitäre Gesellschaften formierten und die Erziehung eindeutig politischen Zwecken unterworfen und vom aggressiv-militanten Geist des Stärkeren und des Eroberers durchdrungen war.[16] Es war auch eine Zeit der Neubesinnung auf andere Formen im Umgang mit Kindern. In der Aufdringlichkeit der hinterlassenen Schreckensbilder wird das häufig übersehen.

In den zahlreichen Versionen dieser Neubesinnung ist eine klare Tendenz erkennbar: Worum es den Nachdenklichen, die sich nicht umstandslos von den großen politischen Strömungen vereinnahmen ließen, ging, war die Zurücknahme der dominanten Rolle, die Erwachsene im Erziehungsverhältnis spielen.

Man müsste, sagt Janusz Korczak, als Erwachsener eine Perspektive einnehmen können, die es ermöglicht, zum Kind hinaufzuschauen.[17] Es müsste möglich sein, so Korczak, ein Kind nicht nur von oben herab anzusehen, wie es die physiognomischen Verhältnisse zwischen Erwachsenem und Kind erzwingen. Erst dieser Perspektivenwechsel mache den Blick frei für die Lebenswelt eines Kindes.

Was sich in dieser Idee ankündigt, ist die Auflösung der hierarchischen Verhältnisse in der Erziehung. Sie ist verbunden mit einer klaren Absage an Gewalt und Zwang.

Die glücklichsten Familien, die ich kenne, sind jene, in denen die Eltern ihre Kinder offen und ehrlich behandeln, ohne zu moralisieren. In solchen Familien gibt es keine Angst. Vater und Sohn sind Kameraden. Und die Liebe kann gedeihen, heißt es bei Alexander Sutherland Neill, dem Begründer der antiautoritären Bewegung.[18] Sein Grundsatz lautete: *Leben nach eigenen Gesetzen, das ist das Recht des Kleinkindes auf freie Entfaltung, ohne äußere Autorität in seelischen und körperlichen Dingen.*[19] Wenn das nur alles so einfach wäre, wie es klingt ...

In der zweiten Hälfte des 20. Jahrhunderts gingen die Kritiker der Erziehung noch einen Schritt weiter. Entschlossen, in der «pädagogischen Provinz» nur noch Negativa zu konstatieren, verweigerten sie jeglicher Form der Erziehung, auch und gerade der antiautoritären, ihre Anerkennung. Es entstand eine Bewegung, die sich selbst «antipädagogisch» nannte und deren Anhängerschaft mit Aufklebern auf ihren Autos durch die Lande fuhren, auf denen zu lesen war: *Erziehung? Nein, danke.* In einem der Grundtexte heißt es, die *antipädagogische Position* gehe davon aus, dass das Kind von Anfang an ein gesellschaftliches Individuum sei. Es sei alleine in der Lage, sich im gesellschaftlichen Raum durchzusetzen, und habe die Fähigkeit, *von Geburt an das eigene Beste selbst zu spüren, es kann dies mitteilen und es kann sich die soziale Umwelt so verpflichten, daß seine Wünsche realisiert werden.*[20]

Welche Anforderungen damit auf Eltern zukommen, sagt ein anderer Autor dieser Richtung mit aller Klarheit: *Alle Gefühle Ihres Kindes, alle Wünsche Ihres Kindes, alle Entscheidungen Ihres Kindes sind zunächst einmal vom Inneren des Kindes her begründet, gerechtfertigt und verdienen Ihren Respekt. Die Seele Ihres Kindes, seine Gefühls- und Willensbekundungen, seine Motive sind für Sie tabu, d. h., Sie haben sie nicht zu bewerten, nicht zu beurteilen, nicht zu loben oder zu tadeln.*[21]

Hier setzt sich jemand schließlich noch einmal über die eigenen Ansprüche hinweg und mutet sich und anderen einen letzten rigiden Imperativ zu, nachdem jedes andere *Du sollst!* von der Kritik hinweggefegt wurde. Dieser letzte Imperativ lautet: *Du sollst dich nicht einmischen!*

Es wäre wohl eine gründliche Täuschung anzunehmen, es handle sich bei dieser kritischen Position um radikal-anarchistische Ansichten einer intellektuellen Randgruppe, die nichts anderes verdient, als dass man sie einfach vergisst. Das Verhältnis zur Erziehung ist heute im Wesentlichen antipädagogisch. Bis in die Schlagerwelt ist diese Stimmung vorgedrungen.

We don't need no education.[22]

So sang vor gut dreißig Jahren die Popgruppe Pink Floyd. Ein unvergessliches Lied, ein Welthit, mit dem sich eine ganze Generation identifizierte und in den selbst die älter Gewordenen noch Jahre später kräftig einstimmten. Herbert Grönemeyer, der populistische Philosoph der Gesangsbranche, lieferte einige Jahre nach dem Pink Floyd-Hit die deutsche Version zum gleichen Thema nach:

Gebt den Kindern das Kommando!

Und:

Kinder an die Macht![23]

Offensichtlich sind sie das wohl nun, zumindest in zahlreichen Fällen, und die Kritiker heute befürchten ganz anderes als ihre antipädagogischen Vorgänger, nämlich eine Diktatur der Kinder (Kant sprach vom *Despotismus*), die die Familien endgültig ruiniert.

Die antipädagogische Theorie hatte den Kindern freilich die Rolle des Hoffnungsträgers, der leibhaftig gewordenen Gestalt eines anderen und besseren Lebens, der Inkarnation des Guten zugedacht. Der Blick des Theoretikers richtet sich auf schöne Erfahrungen mit sanften Kindern. *Momo*, das weise Kind, avanciert zur Leitfigur: *Es ist außerordentlich lustvoll zu beobachten, wie Kinder, deren Spontanautonomie von Anfang an respektiert wurde, ihr Leben gestalten. Man kann, wenn ihre Entwicklung wirklich ungeplant fluten und unbesetzte Räume füllen kann, unendlich viel von ihnen lernen, z. B. über Freundschaft, Weisheit, Tapferkeit, Lebenskunst und mitmenschliches Engagement.*[24]

Das ist die antipädagogische Vision von einem guten Leben mit Kindern und ich zögere ein wenig, diese Vision einfach als naiv zu bezeichnen. Ein Kind gab mir einmal eine Lektion in Sachen Selbstbeherrschung. Und ein Kind lehrte mich einmal, was Mitleid ist. Naiv ist diese Vision dann, wenn sie als Ersatz für die elementaren Unterlassungen in der Erziehung herhalten muss und wenn von den Kindern erwartet wird, die Quelle für ein gutes Leben zu sein. Weisheit, die in der gesamten philosophischen und religiösen Tradition (bis auf wenige Ausnahmen) mit hohem Alter und Lebenserfahrung verbunden wurde, wird hier den Kindern zugemutet. Allein dieser Umstand signalisiert den Abstand der Moderne von den moralischen Selbstverständlichkeiten der vergangenen Epochen.[25]

Was in der Realität an kindlich-jugendlichem Zynismus, Rohheit und hartem Egoismus hochkommt, muss der antipädagogisch gesinnte Kinderfreund ausblenden. Es passt nicht in sein Bild vom Menschen. Die Erfahrungen lehren, dass Kinder zweifellos in der Lage sind, ihre *soziale Umwelt so zu verpflichten, dass ihre Wünsche realisiert werden.*[26] Es ist wie in der verwunschenen Welt des Märchens: Oben ist unten, links ist rechts, und die Kinder bestimmen, was läuft. *Der Frühstückswunsch der Kleinen ist Tagesbefehl,* sagte der Kabarettist Hans Schneyder einmal.[27] Spuren die Eltern nicht, rücken die Kinder schon die Möbel gerade. *Das Proletariat auf kleinen Füßen* (Janusz Korczak) hat inzwischen seine Macht begriffen und noch immer freut sich ein großer Teil der erwachsenen Welt über diesen letzten Schritt im großen Emanzipationsprozess.

Die entsprechende Schlüsselgeschichte zu dieser tief greifenden Wandlung, die das innerste Leben der Familie betrifft, haben Petra Gerster und Christian Nürnberger aufgeschrieben:

Während eines Kindernachmittags beim Sportverein unterhält man sich mit einer Mutter, die viele Stunden in großer Hitze geduldig ihrem achtjährigen Jungen bei seinen sportlichen Aktionen zugesehen hat. Das Fest geht seinem Ende zu, und die Mutter sagt dem Kind, sie wolle nun nach Hause, da sie hungrig und müde sei. Als der Kleine das hört, dreht er völlig durch, schreit seine Mutter an, beschimpft sie, verlangt von ihr, noch zu bleiben, und tritt mit dem Fuß nach ihr; die Mutter jedoch bleibt stumm stehen und unternimmt nichts, gar nichts. *Warum wehrt sie sich nicht? Wie kann es überhaupt so weit kommen, dass man sich seines Kindes erwehren muss?*[28]

Die Geschichte macht mit aller Eindringlichkeit deutlich, wie die alten Antworten auf ein Problem nicht mehr passen, etwa die Forderung, dass Kinder ihren Eltern Gehorsamkeit und Respekt schulden. Was sollte die Mutter denn tun? Möglicherweise hat sie ihr Kind erzogen in dem guten Vorsatz, jeden autoritären Anspruch von ihm fern zu halten. Möglicherweise ist ihr auch in Fleisch und Blut übergegangen, was alle Welt heute von modernen Eltern erwartet, nämlich einfühlsam zu sein, sich mit eigenen Ansprüchen und Forderungen zurückzuhalten und auf die Selbstständigkeit, den Willen und die Wünsche der Kinder genauestens zu achten. Vielleicht hat sie alles verschlungen, was der Büchermarkt an einschlägigen Erziehungsratgebern anbot.

Vor hundert Jahren etwa hätte man über diese Geschichte nur den Kopf geschüttelt: Nein, das gibt es nicht, ein Kind, das seine Mutter tritt; ein Kind, das nicht gehorcht, wenn seine Mutter zum Aufbruch mahnt; ein Kind, das schreit und um sich schlägt, wenn seine Spontanwünsche nicht sofort erfüllt werden. Die Verhältnisse haben sich völlig verändert. Was diese Mutter durchmacht, ist Ausdruck eines kollektiven Schicksals. Wenn sich die hierarchischen Verhältnisse aufgelöst haben, wenn Traditionen ihre Verbindlichkeit verlieren und wenn das, was galt, sich ins Unverbindliche verflüchtigt hat, dann ist damit zu rechnen, dass die Problemlast, die dadurch vorher aufgefangen wurde, mit ihrem ganzen Gewicht wiederkehrt. Das ist – weitgehend – unsere Situation. Mit der Problemlast sind wir alleine. Wir stehen vor der präzedenzlosen Situation, Kinder erziehen zu müssen, ohne eine klare Anbindung an bestehende Regeln und eine feste Verankerung in Traditionen zu haben.

Die Bedenken gegenüber der Abräummentalität der Moderne sind inzwischen gewachsen, auch im sehr weitläufigen Felde der Erziehung.

Seismographisch lässt sich diese Gedankenspur an einem Text ablesen, den Botho Strauss vor einigen Jahren im *Spiegel* veröffentlichte und der zu einer heftigen und zum Teil bösen Auseinandersetzung mit dem Autor führte. Es handelt sich um den großen Essay *Anschwellender Bocksgesang*, in dem Strauss auch einige Sätze zur Erziehungssituation in Deutschland schreibt. An einer Stelle heißt es, er, Strauss, habe keinen Zweifel daran, dass *Autorität, Meistertum eine höhere Entfaltung des Individuums befördert ... als jene Formen der zu frühen leichtgemachten Emanzipation.*[29] Und dann folgt der Satz, der bei den Kritikern einen Sturm der Entrüstung auslöste: *Die herrenlose (und widerstandslose) Erziehung ist für niemanden gut gewesen, sie hat nur eine Vermehrung der Gleichgültigkeit hervorgebracht, eine jugendliche Müdigkeit.*[30]

Da sind sie alle, die Reiz- und Schlüsselwörter eines ausgehenden Jahrtausends. So deutlich hatte zuvor niemand zu reden gewagt. Welchen Hass Strauss mit diesen beiden Sätzen auf sich zog, ist kaum zu ermessen. Er traute sich vor ins Allerheiligste der herrschenden Selbstverständlichkeiten und widersprach entschieden jenem Glaubensbekenntnis, das der Zeitgeist heute jedem Lehramtskandidaten, jedem Vater und jeder Mutter abverlangt: *Erziehe, aber bitte herrschaftsfrei.* Für viele Leser waren seine Ausführungen einfach nur eine unglaubliche Zumutung. Landauf, landab glaubte man genau das Gegenteil, und der Autor geriet unter den Verdacht, mit den finstersten Mächten des Landes seinen Bund geschlossen zu haben. Dabei beschrieb er nur einen Sachverhalt.[31]

Ist eine Atempause angezeigt? Sind wir in einen Strudel der Kritik hineingeraten, der kein Ende nimmt und uns am Ende noch den Mut und die Lust raubt, frei zu denken und den eigenen Gedanken zu vertrauen? *Kinder werden verzogen, wenn man ihren Willen erfüllt und ganz falsch erzogen, wenn man ihrem Willen und ihren Wünschen gerade entgegen handelt,*[32] sagt Kant, als berge das alles keine nennenswerten Schwierigkeiten. Aber genau hier steckt das Problem, das uns Eltern beunruhigt und uns schlaflose Nächte bereitet.

Wer in den Strudel der Kritik mitgerissen wird, dem kann es ganz schnell widerfahren, dass er nicht weiß, wo ihm der Kopf steht. Das passiert heute vielen Eltern. Was dann einzieht, ist die permanente Furcht, in der Erziehung etwas von Grund auf falsch zu machen: Man will die Kinder nicht bevormunden; aber man weiß, dass das, was ist und was geschieht, das Falsche ist und man eigentlich längst hätte eingreifen müssen. Man will die Selbstständigkeit nicht beschneiden; aber es ist einem bewusst, dass die Kinder angewiesen sind auf klare Führung.

Auch das ist ein kollektives Phänomen: die elementare Unsicherheit in grundsätzlichen Lebensfragen, eine bleischwere Ungewissheit, die bis zur Handlungsunfähigkeit führen kann: Was wollen wir denn eigentlich von den Kindern? Haben wir noch eine Ahnung von dem, was ein geglücktes Menschenleben ist, und spielt diese Ahnung irgendeine Rolle in unserem ganz alltäglichen Dasein? Hat im Tumult des Alltags das Wichtigste irgendeine Chance, wahrgenommen und bewahrt zu werden, und was ist «das Wichtigste»? Dass die Kinder gesund bleiben? Dass sie vorankommen in der Welt, womöglich Karriere machen und die Lücke finden, die der Arbeitsmarkt zur Zeit gewährt? Dass sie lernen, mit Belastungen zu leben, ein Gewissen haben und ein sicheres Gefühl der Achtung vor sich selbst und vor den anderen entwickeln, die ihren Weg begleiten? *Was*, fragt Montaigne, *ist das Zehrgeld und das Ziel auf der Lebensreise?*[33]

Wie man in der Regel mit diesen Fragen fertig wird, hat Kant lapidar und nüchtern festgestellt:

Eltern erziehen gemeiniglich ihre Kinder nur so, dass sie in die gegenwärtige Welt, sei sie auch verderbt, passen.[34]

Für Kant war diese Form der Erziehung, nämlich als Anpassung an die Welt, wie sie nun einmal ist, der eigentliche Verrat am jungen Menschen.

Ich habe mir inzwischen angewöhnt, mich von diesen Fragen nicht erdrücken zu lassen. Philosophie ist ein Vertrautwerden mit schwerer Kost jenseits der üblichen Sorgen um den Kontostand am Monatsende, die Gesundheit und die Organisation der nächsten Urlaubsreise. Das schwermütige Grübeln und die Entschlossenheit zur Kritik sind philosophische Fingerübungen. Das eigentliche Konzert der Philosophie sind die Bejahung der vorgefundenen Lebensumstände, die Stärkung des Lebensmuts und die Arbeit an der großen Sehnsucht, dass dieses kurze Leben, das wir haben, gelingen möge. Ohne Fingerübungen freilich hat noch niemand ein Konzert gegeben.[35]

Die Kinder haben mir dabei gehörig auf die Sprünge geholfen. Ihre Lust zu leben, wissen zu wollen, fragen zu können, sich unter einem hellen Himmel bewegen zu wollen, ist infektiös gewesen. Ich habe im Umgang mit ihnen das Grübeln gründlich abgelegt und die Bereitschaft zur Kritik, die in dieser merkwürdigen Zeit den Rang einer Kardinaltugend einnimmt, erheblich gedrosselt. Den Anteil, den die Kinder daran hatten, will ich keineswegs romantisieren. Wer mit Kindern lebt, weiß sehr wohl, dass dieses Leben alles andere als ein existentieller Sonntagsspaziergang ist.

Im Umgang mit Kindern ist mir eine bestimmte Vorstellung von Erziehung, an der sich die Kritik ausnahmslos orientiert, zutiefst fremd geworden. Sie begreift Erziehung als Summe von Korrekturhandlungen: *Ich habe dir schon tausendmal gesagt, du sollst es sein lassen! Ich wiederhole es noch einmal: Lass es! Ich sage dir zum letzten Mal: Komm!*

Die Erziehungswirklichkeit ist voll von diesen Sätzen, und – machen wir uns nichts vor – auch wir sprechen sie fortwährend; Sätze, die bis zum Äußersten gehen und mitunter im Tonfall von Testamenten formuliert sind (*ein letztes Mal, ein für allemal*).

Wenn ich die Erfahrungen Revue passieren lasse und hochrechne, was wirklich zählt, kann ich nur sagen: Das kritische Genörgel, die von oben herab formulierten Korrekturen haben noch keinem Kind sonderlich geholfen. Die Kinder geben heute (das war vielleicht früher anders) darauf die passenden Antworten. Sie nörgeln zurück und führen ihren Dauerkrieg mit ihren Eltern so lange, bis diese zermürbt beiseite treten und dem Willen der Kleinen gehorchen.

Erziehung kann, so weit ich das sehe, nur in einem Lebensraum gelingen, in dem ein bestimmtes Klima herrscht, und dieses Klima heißt: Wohlwollen. Ich meine damit nicht das aufgesetzte Getue vor allem (aber nicht nur) im therapeutischen Betrieb, in dem die erwachsene Welt sich darin gefällt, fortwährend nach dem Wohlbefinden der lieben Kleinen zu fragen.

Wohlwollen ist sehr still. Es drängt sich nicht auf und ist geradezu wortkarg. Es liebt die Verkleidung und bleibt am liebsten inkognito. In die banalsten Handlungen hält es Einzug und veredelt sie. Wohlwollen ist freie Gabe, *schenkende Tugend*,[36] die nichts erwartet, schon gar nicht irgendeine Leistung oder ein wohlgefälliges Verhalten. Es schafft eine Atmosphäre, in der Leistung und Wohlverhalten erst gedeihen können, nie jedoch als Bedingung, sondern – wenn die Verhältnisse günstig sind – immer nur als Folge oder besser noch: als Frucht.

Die Sprache des Wohlwollens ist unbestimmt und fließend. Sie kann sanft sein und energisch, die Sprache der Engel und im nächsten Augenblick die eines Fuhrknechts.

Ich hatte einen Lehrer, der im Ton der rheinischen Provinz mit uns redete. Seine Sprache war mitunter grob. Meistens nannte er uns in unserer jugendlichen Begriffsstutzigkeit *Hornochsen*. Er konnte fluchen und schimpfen wie ein Donnergott. Aber wir mochten ihn. Wir liebten ihn. Er war unser Lehrer und ich glaube, dass wir damals intuitiv begriffen, dass er bei allem, was er tat und sagte, uns meinte. Er unterrichtete viele Fächer: Deutsch, Englisch, Musik, Kunst. Aber immer meinte er uns. Das Wohlwollen, das von ihm ausging, trat in vielerlei Gestalt auf. Er artikulierte es jedoch nie direkt. Es ist wohl wie in der Liebe, die sich einmal offenbart und sich dann in Schweigen hüllt und ihr Geheimnis hütet.

Wohlwollen ist das klare Licht im Zwielicht des Alltags. Es sendet deutliche Signale aus, für die wir feine Antennen haben. Auch ganz kleine Kinder haben sie. Was die Antennen aufnehmen, sind winzige Zeichen der Anerkennung und der bedingungslosen Achtung; Zeichen eines elementaren Interesses, das sich auf nichts Bestimmtes bezieht, sondern immer die ganze Existenz meint.

Der Wohlwollende übersieht zunächst das Unfertige, Missglückte, Missratene, Unentwickelte und Problembeladene. Darum ist für ihn das Kind nicht primär das Wesen, das verändert werden muss. Er sieht es in einem völlig anderen Licht, nicht als ein Abstraktum irgendeiner Theorie, sondern zuerst als einen Menschen aus Fleisch und Blut, der lebt und leidet, Freude hat, auf der Welt ist und zur Welt kommen will.[37]

Das Kind hat ein Recht auf Achtung, sagt Janusz Korczak.[38] Für den Wohlwollenden versteht sich das von selbst. Er hat den Zynismus hinter sich gelassen, die gesteigerte Verzweiflung an der Unfertigkeit des Menschen und der Welt, Verzweiflung, die nichts anerkennt und nichts gelten lassen kann, weil sie dazu keinen Grund erkennt.

In Peter Handkes *Kindergeschichte* steht im Mittelpunkt ein Vater, der sich von einer – wie es im Text heißt – *Tatsache* vereinnahmen lässt: *Allein die Tatsache Kind, ohne besondere Kennzeichen, strömte Heiterkeit aus.*[39]

Wer in dieser Heiterkeit zu leben lernt, vermindert die anfallende Problemflut und verweist die Unfertigkeit des Menschen und der Welt an die zweite Stelle.

Für den Zyniker freilich ist das blanker Unsinn. Die *Tatsache Kind* ist für ihn nichts anderes als die Fortsetzung des alten Elends, ein neues Glied in der Kette der Generationen, von denen er nichts Gutes in Erfahrung bringen konnte. Seine Variante auf die *Tatsache Kind* ist scharfsinniger Realismus: Schon wieder ein Mensch! Schon wieder ein Kurzhälsiger! Schon wieder volle Hosen, Geschrei und ein neues leibhaftiges Ungeheuer in der langen, nicht enden wollenden Kette der Ungeheuerlichkeiten, die sich menschliche Geschichte nennt. Denn eine Gewissheit besitzt der Zyniker, die er immer gegen den Menschen auslegt:

Ungeheuer ist viel und nichts
ungeheurer als der Mensch.[40]

Der scharfsinnigste Realismus kann dem Wohlwollenden nichts anhaben. Die Problemflut nimmt er auf mit der Distanz des Gelassenen, der seinem besten Gedanken vertraut.

Ist das nun alles, wird man nicht ohne Grund fragen, Erziehung als Wohlwollen? Vater als Kamerad und Mutter als gute Freundin, dazwischen die Kinder, die unter der großen Glocke des Wohlwollens von ihrem *Recht auf freie Entfaltung*[41] Gebrauch machen? Der Erzieher als guter Hirte, der sorgfältig auf die Erhaltung seiner Herde achtet und – (der Gedankenstrich kann eigentlich nicht lang genug sein) den Hunden den Rest überlässt?[42]

Ich habe mich mit den nur Verständnisvollen und Harmoniebedürftigen nie anfreunden können, die mit sanftem Guru-Lächeln umherwandeln und bei Worten wie Konflikt, Auseinandersetzung, Kampf sich gleich die Ohren zustopfen und empört abwenden, als stammten sie aus dem Vokabular des Teufels.

Nichts ist grundsätzlich gegen Harmonie einzuwenden. Es ist wunderbar, einer Meinung zu sein und den Kindern gegenüber nur großzügig, verständnisvoll und wohlwollend sein zu dürfen. Nur ist damit zu rechnen, dass jede Gemeinschaft, und sei sie noch so klein, beherrscht ist von Konflikten. Eine Familie ohne Konflikte ist nur vorstellbar als soziales Grab: Man hat sich nichts mehr zu sagen.

Entscheidend ist, wie man mit Konflikten umgeht, in denen es in der Regel um Fragen der Anerkennung und der Achtung geht.

Noch einmal: Das Kind hat ein Recht auf Achtung. Wie aber lernen Kinder Achtung vor sich selbst, vor den Eltern und vor den anderen? Sind sie wirklich in der Lage, aus sich selbst heraus ein Gefühl der Achtung zu entwickeln, das heißt, von sich selber abzusehen und einen Standpunkt einzunehmen, der jenseits des kindlichen Egoismus liegt? Denn soviel ist gewiss: Gelebte Achtung hat zur Voraussetzung, dass das egoistische Prinzip überwunden ist.

Die Erfahrungen lehren, dass der Weg dorthin weit und steinig ist und Kinder ihn ohne Unterstützung und Führung nicht gehen können.

Wenn ein Kind seine Mutter beschimpft und diese sich nicht wehrt, ist die erste Beschimpfung, die völlig harmlos sein kann, zugleich der erste Schritt auf dem meist sehr kurzen Weg in die moralische Verwilderung. Reagiert auch der Vater nicht und bevorzugt den Weg des geringsten Widerstandes, indem er sich heraushält, dann erhält das Kind keinerlei Rückmeldung darüber, dass ein elementarer Bereich des Lebens verletzt wurde.

Wenn ein Kind schlägt und die Eltern stehen dabei und schweigen oder grübeln über die Gründe und Hintergründe dieser aggressiven Handlung, dann gibt es für das Kind keine Veranlassung, solche Handlungen zu lassen. Wir sind als Erziehende gezwungen zu bewerten. Wer nicht bewertet, wer sich heraushält aus Konflikten und keine Stellung bezieht, muss sich gefallen lassen, dass die Kinder – wie es der naive Wunsch der antipädagogischen Kinderfreunde ist – tatsächlich «an die Macht» gelangen.

Wir müssen uns als Eltern womöglich den Vorwurf gefallen lassen, fortwährend wider den heiligen Geist der Moderne zu sündigen, wenn wir uns in das Leben der Kinder einmischen. Aus der Erfahrung kann ich dazu nur sagen: Lieber ein Leben in dieser Sünde als ein Leben in der Unterwerfung unter den kleinkindlichen Despotismus.

Nun habe ich überhaupt nicht vor, die kleinkindliche Egozentrik aus einer moralischen Position heraus zu diskreditieren. Der Egoismus des kleinen Kindes ist ein Faktum, das sich – in anderer Gestalt – im erwachsenen Leben fortsetzt. Diesem Umstand angemessen Rechnung zu tragen, ist das Hauptproblem in der Erziehung. Vermutlich hat Alice Miller Recht, wenn sie sagt, ein Kind müsse seinen Egoismus ein Mal ausleben können.[43] Sie dachte dabei vor allem an die Zeit des Säuglings. Die Frage nur ist – und ich bin ihr schon einmal nachgegangen –,[44] wann diese Zeit beendet ist. Wann dürfen wir dazu übergehen, den Egoismus nicht mehr nur als Faktum des natürlichen Lebens, sondern als Stufe anzusehen, die zu überwinden wäre?

Der einfachste Ausdruck des egoistischen Prinzips ist der Satz: *Ich will.* Ein Kind, das diesen Satz nicht hinter sich lässt, kann sich auf anderes und andere nicht wesentlich einlassen. Die Worte anderer Menschen (vor allem die der Eltern, Geschwister und Lehrer) und die Welt in ihrer ganzen Fülle sind für ein Kind, das an diesem Punkt stehen bleibt, lauter Abstraktionen, die nicht weiter von Interesse sind.[45] Von Bedeutung ist dann nur das, was in den kleinen Horizont der Spontanwünsche hineinpasst und Aussicht auf den nächsten schnellen Genuss verspricht.

Das Erziehungsdenken ist sehr oft von einer Furcht durchsetzt, der Furcht vor dem Egoismus, vor dem Tier in uns, diesem aggressiven, habgierigen und rücksichtslosen Wesen Mensch, das deutlich seine Spur durch die Geschichte gezogen hat und weiterhin ziehen wird. Das Kind als Wilder, der keine Ahnung hat von Grenzen, Regeln und den Rechten anderer, das Kind als Rohling, der von Ansprüchen, Forderungen und Verbindlichkeiten völlig unberührt ist, das Kind als *tabula rasa* (John Locke), als leeres Blatt, das vom zivilisatorischen Willen beschrieben werden muss – das ist die immer wieder aufflackernde Denkfigur des pädagogischen Interesses.

Wer diese Furcht nicht ernst nimmt, kommt über ein harmloses Kinderbild nicht hinaus. Es ist nur zu wahrscheinlich, von den wirklichen Erfahrungen überrollt zu werden, wenn man in der Harmlosigkeit verharrt. Kinder sind die süßen, sanften Wesen nicht, für die sie oft gehalten werden.

Ich glaube, dass im Umgang mit Kindern alles darauf ankommt, die Furcht vor der Egozentrik ernst zu nehmen und – das klingt zunächst paradox – zugleich abzulegen. Wer mit allem rechnet und dabei furchtlos bleibt, kann Kindern souverän begegnen.

Die Exzesse des Egoismus sind die Feuerproben für den Wohlwollenden. Erst in der Konfrontation mit den Exzessen zeigt sich, ob das Wohlwollen etwas taugt oder ob es nur auf der Ebene der Lippenbekenntnisse rangiert, die man getrost vergessen kann.

Ich erinnere mich an eine Szene mit unserem Lehrer, von dem ich schon erzählte. Ich war damals elf, zwölf Jahre alt und hatte eine bittere Auseinandersetzung mit einem Freund. Bei irgendeiner Gelegenheit beschimpfte er mich. Der Anlass ist mir nicht mehr in Erinnerung. Es war vermutlich eine jener Nichtigkeiten, die eine Kinderseele aus der Fassung bringen können. *Hurensohn*, das war das Wort, das er mir an den Kopf warf, wie Kinder das so tun. Ich fasste dieses Wort natürlich als Beleidigung meiner Mutter auf und wollte nur noch eines: Ich wollte Rache. Unter dem Gejohle der ganzen Klasse prügelten wir uns fünf, sechs lange Minuten auf dem Schulhof. Mein Freund war mir körperlich weit überlegen. Die Niederlage war geradezu vorprogrammiert und in der Verzweiflung des Verlierers biss ich mich im Arm meines Kontrahenten fest. Der schrie auf, ließ mich los und gab den Kampf auf.

Natürlich wurde die wilde Szene sogleich unserem Lehrer zugetragen und als die Pause zu Ende war und der Unterricht wieder begann, wusste er längst Bescheid. Aber er ließ sich nichts anmerken, hielt sich an sein Programm und unterrichtete uns, als sei nichts geschehen. Wir wussten, wie er die Auseinandersetzung bewertete, und das wiederum ließ die Feindschaft verschwinden und schmiedete uns wieder zusammen.

Nach der Stunde rief der Lehrer uns zu sich, schaute uns an, schüttelte den Kopf und fragte mich: *Na, hat's geschmeckt?* Mir war sofort klar, was er meinte, und ich schämte mich. Das war alles. Aber diese eine Frage hatte ihre Wirkung getan. Sie war wie eine Initiation. Ich sah mich mit den Augen meines Lehrers, und das Seltsame war: Die Scham erdrückte mich nicht.

Meinen Freund fragte er: *Weißt du, was eine Hure ist?* Dieser nickte stumm. Danach entließ er uns mit der Bemerkung: *Und jetzt verschwindet.* Am nächsten Tag war die Sache scheinbar vergessen. Unser Lehrer verlor kein Wort mehr darüber und behandelte uns so, wie wir es gewöhnt waren.

Erziehung, sagt Michel de Montaigne, sei die große Kunst, *die Stürme der Seele zu besänftigen und den Hunger wie das Fieber lachen zu lehren.*[46] Diese hellsichtige und wunderbare Formulierung signalisiert, was ein rechter Umgang mit der kindlich-jugendlichen Egozentrik sein kann. Die egoistischen Impulse das *Lachen lehren* heißt nicht, sie zu unterdrücken oder zu bekämpfen, auch nicht zu bedienen, sondern vielmehr, sie zu gewinnen, zu kultivieren, zu besänftigen oder besser noch, zu verwandeln: die Gier in die Fähigkeit zum Genuss, die blinde Aggressivität in bewusste Tatkraft, das einsilbige Schreien in verständige Sprache, die Fixierung auf das kleine Ich in ein starkes Gefühl für die Gemeinschaft. Die Verwandlung geschieht nicht von heute auf morgen. Sie ist nur denkbar als ein langer, sehr langer Prozess.

Wahrscheinlich gelingt diese große Aufgabe am besten, wenn sie nicht als Plan oder gar als Programm im Bewusstsein der Eltern ist, sondern sozusagen nebenbei gelöst wird. Thomas Mann sagte einmal in einem bemerkenswerten Interview: «*Wenn ich zurückdenke – das heißt, ich brauche gar nicht zurückdenken, ich ertappe mich jeden Augenblick dabei -, dann schwebt mir eigentlich immer das Bild meines Vaters vor. Dabei gab er sich nicht viel mit uns ab; natürlich, er machte Dummheiten mit uns, aber sonst war er ein beschäftigter Mann, der wenig Zeit für uns hatte. Nun, mir geht es nicht anders: Ich fühle mich beschäftigt, und ich kann nicht mehr tun, als daß ich mich auf den Eindruck meiner Haltung und meiner ehrlichen Bemühungen verlasse. Das Vorbild des Vaters, aber*» – unterbricht er sich –»*Vorbild, das darf nicht schlecht und altmodisch verstanden werden. Das Vorbild ist das Wichtigste. Ich meine, das Elternhaus wird nie einen positiv belehrenden, sondern nur einen atmosphärischen Einfluß auf die Kinder haben können.*»[47]

Ein Vorbild sein heißt nicht, darauf zu setzen, dass Kinder einem folgen. Sie gehen ihren eigenen Weg und ob dieser gut ist, liegt letztlich nicht in der Hand eines Menschen, auch nicht in den Händen der Eltern.

Was Thomas Mann meint, ist etwas völlig anderes. Es hat mit den Eltern selbst zu tun, mit ihrer Art der Lebensführung, mit ihrer Haltung zu sich selbst, zu den Kindern, zu ihrer Arbeit und zu der entscheidenden Frage: Was ist ein gutes Leben? Diese Frage in Erinnerung zu haben, ist das Siegel bewusster Elternschaft. Dazu gehört die Bereitschaft, Konflikte nicht zu scheuen und, wenn es wirklich nötig ist, mit klarem Kopfe *nein* zu sagen.

Als Moses vom Berg zurückkam und – folgt man der alten Schrift – die Mitteilungen seines Herrn in steinerne Tafeln meißeln ließ, damit sie nie in Vergessenheit gerieten, wurde unter anderem ein einziger Satz zum weitläufigen Thema «Erziehung» fixiert, das – so nehme ich an – damals nicht weniger verworren war als heute:

Ehre deinen Vater und deine Mutter, damit verlängert werden deine Tage, auf dem Boden, den der Herr, dein Gott dir gibt.[48]

Die Eltern sind die ersten Menschen im Leben eines Kindes. An und mit ihnen lernen Kinder, was das heißt: ein Leben zu führen. Wer sich und andere achtet, will, dass Achtung gelernt wird, nicht um selbst geachtet zu werden (darüber haben die Psychologen unter dem Stichwort *Narzissmus* ein ganzes Jahrhundert geredet), sondern weil die gelebte Achtung der einzige Weg ist, der aus dem Tierreich hinausführt und den Blick auf ein Leben eröffnet, das jenseits von Kampf und Intrigen, jenseits von Egoismus und Marktinteressen und jenseits von Beißen und Gebissenwerden liegt.

Intermezzo

Wie wir erzogen wurden? Ich habe diese Frage schon an mehr als einer Stelle gestreift und bin ihr namentlich im vorigen Kapitel, wo's um die Schule handelte, vergleichsweise nahe getreten. Indessen Erziehung und Schule, bei vielem, was sie gemeinsam haben, sind doch auch wieder zweierlei; die Schule liegt draußen, Erziehung ist Innensache, Sache des Hauses und vieles, ja das Beste, kann man nur aus der Hand der Eltern empfangen. «Aus der Hand der Eltern» ist nicht eigentlich das richtige Wort, wie die Eltern s i n d, wie sie durch ihr bloßes Dasein auf uns wirken, – d a s entscheidet. Es gibt unbestritten ausgezeichnete Schul- und Erziehungsanstalten, die, mit Rücksicht auf Charakterbildung, vielfach erheblich mehr leisten mögen als das elterliche Haus; aber in der Hauptsache bleibt doch ein Manko. Der Charakter mag gewinnen, der Mensch verliert. Es gibt so viele Dinge, die mit ihrem stillen und ungewollten, aber eben dadurch nur um so nachhaltigerem Einfluß erst den richtigen Menschen machen. Das große, mit Pflicht-, Ehr- und Rechtsbegriffen ausstaffierte Tugendexemplar, ist unbedingt respektabel und kann einem sogar imponieren; trotzdem ist es nicht das Höchste. Liebe, Güte, die sich bis zur Schwachheit steigern dürfen, müssen hinzukommen und unausgesetzt darauf aus sein, die kalte Vortrefflichkeit zu verklären, sonst wird man all dieses Vortrefflichen nicht recht froh. Ich hatte das Glück, in meiner Kindheits- und Knabenzeit unter keinen fremden Erziehungsmeistern – denn die Hauslehrer bedeuten nach dieser Seite hin sehr wenig – heranzuwachsen und wenn ich hier noch einmal die Frage stelle: «Wie wurden wir erzogen?», so muß ich darauf antworten: «Gar nicht und – ausge-

zeichnet». Legt man den Akzent auf die Menge, versteht man unter Erziehung ein fortgesetztes Aufpassen, Ermahnen und Verbessern, ein mit der Gerechtigkeitswaage beständig abgewogenes Lohnen und Strafen, so wurden wir gar nicht erzogen; versteht man aber unter Erziehung nichts weiter, als «in guter Sitte ein gutes Beispiel geben» und im übrigen das Bestreben, einen jungen Baum, bei kaum fühlbarer Anfestigung an einen Stab, in reiner Luft frisch, fröhlich und frei aufwachsen zu lassen, so wurden wir ganz wundervoll erzogen. Und das kam daher: meine Eltern hielten nicht bloß auf Hausanstand, worin sie Muster waren, sie waren auch beide von einer vorbildlichen Gesinnung, die Mutter unbedingt, der Vater mit Einschränkungen, aber darin doch auch wieder uneingeschränkt, daß ihm jeder Mensch ein Mensch war.

Theodor Fontane
Meine Kinderjahre, S. 133

Meine einzige Sorge ist bloß, das zu cultivieren, was wirklich in ihm liegt und alles, was er lernt, ihn gründlich erlernen zu lassen. Unsere gewöhnliche Erziehung jagt die Kinder ohne Noth nach so vielen Seiten hin und ist Schuld an so viel falschen Richtungen, die wir an Erwachsenen bemerken.

Goethe in einem Brief an Knebel über seinen Sohn August

Bildung

Was ist eigentlich menschlich am Menschen?
(für Hans und Carl)

Wird nun – nach Themen, die die Kreatur betrafen, den Menschen also in seiner Not, in seiner Bedürftigkeit und Angewiesenheit auf andere – das Nachdenken endlich ein wenig moderater, freier, unbeschwerter? Kein Schweiß mehr, keine Tränen und kein Geschrei? Keine Geburtswehen, kein Aufgehen in der Sorge, keine Kämpfe? Wir werden sehen.

Bildung – das klingt nach Höherem, nach einer Sphäre, die fernab liegt von den Niederungen des Lebens, nach einer Mixtur aus altgriechischer Grammatik und guten Manieren. Bildung ist – so scheint es auf den ersten Blick – eine Angelegenheit für Bessergestellte, für Leute mit Ansprüchen und gutem Geschmack, für Kinder aus der Oberstadt, für alle diejenigen eben, die sich ohnehin schon auf der Sonnenseite des Lebens befinden. Bildung – das klingt nach solidem Lebenslauf und nach zukunftsträchtiger Entwicklung: Kindergarten, Grundschule, Gymnasium, Abitur, Studium, ein Curriculum des Lebens, das von Hürde zu Hürde, von einem Niveau zum nächst höheren führt. *Bildung* ist, wie Helmut Schmidt einmal sagte, ein *Wert an sich*, etwas ganz Besonderes, das sich mit den Maßstäben der Welt ganz und gar nicht messen lässt und weit weg zu liegen scheint von den Regionen des Lebens, in denen das Geld regiert.

Nach dieser Einschätzung der Bildung als etwas Höheres und Besseres, das manchen Gebildeten dazu veranlasst hat, sich selbst für etwas ganz Besonderes zu halten, ist es durchaus heilsam, festen Boden unter die Füße zu bekommen.

85

Kürzlich wurde in einigen Tageszeitungen von einer Wirtschaftsvereinigung eine Annonce veröffentlicht, die sehr nachdenklich machte. Über einem Bild, das junge Leute einträchtig bei der Arbeit in einem Labor zeigte, stand in großen Lettern abgedruckt: *Der ideale Lehrling.*[1] Unter dieser Überschrift wurden lapidar und umstandslos all die Tugenden und Fähigkeiten summarisch aufgelistet, die präzisieren sollten, was Wirtschaftsleute sich unter dem *idealen Lehrling* vorstellen:

Zuverlässigkeit,
Beherrschen des Lesens, Schreibens und Rechnens,
Teamfähigkeit,
Leistungsbereitschaft,
Höflichkeit und Freundlichkeit,
Verantwortungsbewusstsein,
gutes Allgemeinwissen,
Selbständigkeit,
Ausdauer und Belastbarkeit,
Konfliktfähigkeit,
Englischkenntnisse,
naturwissenschaftliche Kenntnisse,
Medienkompetenz.[2]

Sollte ich mich auf diese Sammlung von Begriffen, die sich fast alle einer langen Tradition des Nachdenkens verdanken, ernsthaft einlassen, oder sollte ich mich nicht besser sofort jenen anschließen, die die Wirtschaft mit der Schmuddelwelt des Geschäftemachens identifizieren, vom Menschen anders denken als in Begriffen der Wirtschaftswelt und sich dann dementsprechend bei den Ansprüchen und Erwartungen der Wirtschaftsleute empört abwenden? Das jedenfalls ist die übliche Reaktion, wenn die Vertreter der Wirtschaft sich über Erziehung und Bildung äußern. Man empfindet solche Einlassungen als unerlaubte Eingriffe in das sensible Leben der Familie und der Schule, in dem die Wirtschaft – so sagt man – nichts zu suchen habe.

Ich gehe hier einen anderen Weg und gebe gerne zu, dass ich der angeführten Liste meinen Respekt nicht ohne weiteres verwehren kann. Es ist zumindest einen Versuch wert, die genannten Begriffe aus dem Repertoire der Schlagworte herauszulösen und ihnen das Beste abzugewinnen.

Sehen wir uns also in Ruhe diese Liste an. Wünschen wir uns nicht genau das von unseren Kindern, was hier angezeigt wird? Wünschen wir uns nicht, dass sie lernen, zuverlässig zu werden, statt sich in einer Abwehrhaltung einzuhausen, in der alles egal und nichts verbindlich ist, dass sie Ausdauer und Belastbarkeit erwerben, statt sich kurzatmig durchs Leben zu schlagen und vor jedem kleinen Hindernis, vor jeder Hürde sofort zu kapitulieren? Wünschen wir uns nicht, dass die Kinder eine Sprache sprechen lernen, die von Höflichkeit und Freundlichkeit bestimmt ist statt von dem schnoddrig frechen Ton, der heute jedem Lehrer schon am frühen Morgen auf dem Schulhof entgegenschlägt und den viele Erwachsene schon gar nicht mehr wahrnehmen, so sehr haben sie sich bereits daran gewöhnt?[3]

Es wäre Ausdruck einer wenig realistischen Lebensauffassung, den *idealen Lehrling* und das, was mit diesem Ideal gemeint ist, einfach wegzuwischen und zu ignorieren. Wir Menschen müssen arbeiten. Wir müssen uns um die Erhaltung unserer Existenz ausdrücklich kümmern. Die Einlösung dieser Notwendigkeit – das ist das entscheidende Problem – setzt Haltungen und Fähigkeiten voraus, die erworben sein müssen, um sich auf den verwickelten Handlungskomplex, den wir Arbeit nennen, überhaupt einlassen zu können.

Mühsam sollst du dich von deinem Acker nähren alle Tage deines Lebens. Dornen und Gestrüpp soll er dir sprießen und Kraut des Feldes sollst du essen. Im Schweiße deines Angesichtes sollst du dein Brot verzehren.[4]

Der alte Schöpfungsmythos zeichnet zuerst das Bild vom Menschen als Arbeiter. Der Genießer im Paradies, der nur zuzugreifen braucht und bloß als dummer Konsument sein Leben fristet, ist im alten Mythos eine beiläufige Episode. Wir können nicht einfach zugreifen. Uns wird nichts oder nur sehr wenig geschenkt. Was wir wollen, müssen wir uns mühsam erwerben. Das gilt für den Bauern, von dem der Schöpfungsmythos spricht, genauso wie für den Angestellten eines Technologiekonzerns, auch wenn diesem keine Dornen und kein Gestrüpp mehr im Wege stehen und er einen ganz anderen Acker zu bestellen hat als sein Vorfahr. Beide müssen, um ihren Lebensunterhalt zu sichern, (mindestens) zwei innere Dispositionen mitbringen, die Arbeit als langfristigen, geordneten Handlungskomplex erst ermöglichen: Selbstdisziplin und Belastbarkeit. Dies sind, im Bild des alten Mythos ausgedrückt, die Bedingungen dafür, vor den Dornen und dem Gestrüpp den Kopf nicht zu verlieren, nicht aufzugeben, sondern die Arbeit aufzunehmen, Furche für Furche seinen Acker zu bestellen und sich auf einen langen, zähen und oft mühsamen Prozess des Bearbeitens einzulassen. Es dauert lange, oft sehr lange, bis die Ernte eingefahren werden kann. Das hat sich seit Adams Tagen im Grunde nicht geändert. Wir sind – auch wenn wir die Natur kaum noch unvermittelt kennen lernen – in ähnlicher Lage. Die Frage, wie diese Grundbedingung der menschlichen Existenz zu deuten ist, stellt sich heute mehr denn je: Ist Arbeit der entscheidende Weg, der in die Freiheit führt, oder der nicht umkehrbare Irrweg in die Selbstversklavung des Menschen und in die globale Ausbeutung der Natur? Ist Arbeit Fluch oder Segen? Beginnt mit ihr der innere und äußere Reichtum oder die Reduktion des Menschen auf die Lebensform des intelligenten Arbeitstiers?

Ungeheuer ist viel und nichts
Ungeheurer als der Mensch.
Er überschreitet auch das graue Meer
Im Notussturm
Unter tosenden Wogen hindurch.
Erde, der Götter höchste,
Die unerschöpfliche, unermüdliche,
Bedrängt sein Pflug. Auf und ab
Ackern die Rosse ihm
Jahr um Jahr.
Leichtgesinnter Vögel Volk
Fängt er im Garn,
Wilder Tiere Geschlechter

Und Kinder des Meeres
In verschlungenem Netzgeflecht,
Der kluge Mensch.
Mit List bezwingt er,
was haust auf den Höhen
Und schweift im Freien.
Dem Pferd mit der mächtigen Mähne,
dem unbändigen Bergstier
Zähmt er den Nacken
Unter das Joch ...
Ratlos tritt er
Vor nichts, was kommt.[5]

Diese Hymne auf den Menschen aus Sophokles *Antigone*, einem der bedeutungsvollsten Texte aus der antiken Welt, lässt in der Schwebe, ob der *kluge Mensch*, der Arbeiter, der Bezwinger der Naturgewalten, dem nichts verschlossen und unerreichbar bleibt, ein Fluch ist oder ein Segen. Mit hohem Respekt spricht der antike Dichter vom Menschen als dem *mutigsten Tier*.[6] In den Versen sind jedoch die Töne unüberhörbar, die auf das Gewalttätige im Prozess der Naturbeherrschung hindeuten.[7]

Sophokles (und diese Deutung bestimmt die philosophische Tradition Europas erst in der Neuzeit) lässt keinen Zweifel daran, dass Arbeit der entscheidende Schritt in der Selbstbildung des Menschen ist. Arbeit weckt den Geist auf und löst den Menschen aus den Fesseln der Natur. Sie ist die menschliche Reaktion auf den Wunsch, dass das, was wir wollen und uns wünschen, nicht sofort bereitsteht und zur Verfügung ist.

Die Erwartung der unmittelbaren Wunscherfüllung ist die Illusion des Kleinkindes, das noch keine Distanz zu sich und zu seiner Welt hat und das, was es sieht, sofort haben will, eine Erwartung, die die Welt als Garten Eden auffasst.

Erst durch Arbeit lernt der Mensch sich selbst und seine Welt kennen und wird dazu angehalten, zu sich und seinen Wünschen in Distanz zu treten. Die Konstitution des menschlichen Lebens ist darauf angelegt, dass die umstandslose Befriedigung und der nächste schnelle Genuss der Selbsterhaltung auf Dauer schadet.

Mit anderen Worten: Durch Arbeit wird Befriedigung umständlich. Wer arbeitet, ist dazu gezwungen, die Erfüllung seiner Wünsche, Absichten und Ambitionen aufzuschieben. Genau das ist mit dem Wort Selbstdisziplin angezeigt.

Der Mensch, der gelernt hat, sich selbst zu beherrschen, ist erst in der Lage, umsichtig tätig zu werden, sich selbst und seine Kräfte einzuschätzen und sich der widerständigen Natur zuzuwenden. Die Alternative wäre Flucht oder Kapitulation oder – auch das ist denkbar – das Verharren in der Illusion, dass Wunsch und Wunscherfüllung simultane Ereignisse sind.

Nun gehen Wirtschaftsleute davon aus, dass der Lehrling, der sich um einen Platz in der großen Welt der Arbeit bewirbt, das Kleinkind wenigstens in Ansätzen abgestreift hat und zumindest über ein gewisses Maß an Selbstdisziplin und Belastbarkeit verfügt. Dass dies vorausgesetzt wird, liegt auf der Hand. Die Bedingungen der Arbeitswelt können *in* der Arbeitswelt nicht entwickelt werden. Wer eine Arbeit aufnimmt, muss schon vorher wissen, was es heißt, pünktlich zu sein, sich organisieren zu können und nicht zu kommen und zu gehen, wann es gerade passt. Wer eine Arbeit aufnimmt, muss wissen, was Absprachen sind und was es bedeutet, sich zurücknehmen zu können.[8]

Die entscheidenden Fragen für uns Eltern sind: Wann lernen Kinder Selbstdisziplin? Wann erwerben sie Belastbarkeit? Müssen wir uns womöglich schon beim kleinen Kind Gedanken darüber machen, dass es sich in nicht allzu ferner Zeit mitten in der Arbeitswelt befindet? Müssen wir fortlaufend Zukunft antizipieren und den realen Boden hier und jetzt stets verlassen? Müssen wir also das, was jetzt geschieht, getan und – das ist nicht ganz unwichtig – unterlassen wird, stets daraufhin prüfen, welchen Sinn, welche Bedeutung es für die Zukunft hat? Zugespitzt formuliert: Sind wir als Eltern verantwortlich dafür, dass das kleine Kind sich so entwickelt, dass es einmal in der Arbeitswelt bestehen kann?

Von der Verplanung der Kindheit und der Kinder ist die Erziehungswirklichkeit heute beherrscht. Wort- und federführend sind die Projektemacher. Was sollen Kinder nicht alles lernen, um in zehn, zwanzig Jahren auf dem Markt mithalten zu können![9]

Die hellsichtigen Pädagogen haben vor der Fixierung auf die Zukunft immer gewarnt und die Erziehungswirklichkeit, in der die Verplanung des kindlichen Lebens vorherrscht, mit Schrecken wahrgenommen. Lapidar heißt es bei Korczak: *Das Kind hat ein Recht auf den heutigen Tag.*[10]

Trotzdem bleibt die Frage: Wann und wie lernen Kinder aus den Selbstbezüglichkeiten des Kleinkindes herauszuwachsen, und welche Rolle spielen wir dabei als Eltern?

Oft (vielleicht zu oft) bestimmt uns die Sorge um die Zukunft: Was wird nur werden? Was wird mit dir werden? Fragen zwischen Hoffnung und Verzweiflung, die erahnen lassen, wie weit der Radius der elterlichen Verantwortung reicht.

Zukunftsorientierte Planung hat jedoch im Leben der Familie meines Erachtens nur sehr bedingt einen Sinn. Kinder daraufhin anzusehen, was sie einmal sein werden, bedeutet, sie als die zu ignorieren, die sie hier und heute sind. Wenn schon kleine Kinder in Wochenprogramme verwickelt werden, die nicht weit von dem entfernt sind, was ein Manager zu leisten hat, dann ist das mitunter schon bedenklich. Ohne Zweifel ist das gut gemeint, ob es allerdings Kindern (und Eltern) dienlich ist, bezweifle ich sehr. Albert Camus schrieb einmal in einem völlig anderen Zusammenhang: *Die wahre Großzügigkeit der Zukunft gegenüber besteht darin, in der Gegenwart alles zu geben.*[11] Dieser Gedanke deckt sich mit einer aus ganz anderen Traditionen gespeisten Apologie der Gegenwart. In einem Brief des jüdischen Religionsphilosophen Franz Rosenzweig heißt es: *Es steht nichts in unserer Macht als der jeweils unmittelbar nächste Schritt, die Forderung des Tages; nur ihr gilt das «du kannst, denn du sollst». Schon für den morgigen Tag braucht man die ganze Kraft des Vertrauens, um nicht zu verzweifeln.*[12]

Ausschlaggebend für die Entwicklung der Kinder sind nicht Pläne, Absichten und gut gemeinte Lernprogramme. Entscheidend ist – ich komme um diesen Ausdruck nicht herum – das geistige Klima, in dem Kinder heranwachsen, sich entwickeln und bilden können.

Um nicht den Eindruck entstehen zu lassen, nun sei die nächste Nebelkerze geworfen worden, bin ich in der Pflicht und habe zu erläutern und zu präzisieren, was ich unter einem geistigen Klima verstehe. Vier Antworten haben sich im Laufe der Jahre für mich herausgebildet.

Die erste Antwort: Der Alltag der Familie ist durchsetzt mit Wünschen. Die Erwachsenen haben sie und auch die Kinder, und schon die ganz Kleinen entfalten eine unglaubliche Phantasie in der Produktion immer neuer Wünsche. Die Werbung und die Konsumgüterindustrie helfen dabei kräftig nach und man kann sich manchmal nur wundern, woher die Sprösslinge wissen, was nun gerade angesagt ist und im Trend liegt. Sie sind da außerordentlich helle und von einem Defizit der Aufmerksamkeit kann in diesem Punkte keineswegs die Rede sein.

Nun kommt alles darauf an, Wünsche, die sich im Alltag auftun, nicht umstandslos zu erfüllen, sondern zusammen mit den Kindern zu kultivieren. Erst der kultivierte Wunsch wird interessant, gewinnt an Tiefe und lagert sich im Gedächtnis ein.

Braucht er hingegen nur geäußert zu werden, um sofort erfüllt zu werden, ist er – in der Regel zumindest – flach. Es ist ein Irrtum anzunehmen, dass der schnell befriedigte Wunsch so etwas wie Zufriedenheit und Ausgeglichenheit bewirkt. Ich beobachte genau das Gegenteil. Es scheint eher so zu sein, dass nach schneller Erfüllung der nächste Wunsch sich schon meldet. Was sich dabei entwickelt, ist die unendliche Schraube von Wunschartikulation und Wunscherfüllung.

Wir sind überfüttert und niemals satt, schrieb der polnische Philosoph Leszek Kolakowski einmal und traf mit diesem kleinen Satz das Lebensgefühl einer ganzen Epoche.[13] Wer in die Schraube von Wunschartikulation und unmittelbarer Wuncherfüllung hineingeraten ist, kommt daraus (davon handeln heute viele Ratgeber in Erziehungsfragen) nur sehr schwer heraus. Die Kinder drehen sich im Kreise und mit ihnen die ganze Familie. Sie entwickeln jedenfalls eines nicht: Abstand von sich selbst und von den eigenen Wünschen zu nehmen. Was die Lebensstimmung dann beherrscht, ist das *Unbehagen in der Kultur,*[14] eine Wunschproduktion, die ins Maß- und Ziellose geht und von einer tief sitzenden Unzufriedenheit begleitet wird.

Kennt ihr das sicherste Mittel, euer Kind unglücklich zu machen?, fragt Rousseau.[15] Seine Antwort ist hellste Problemanalyse der heutigen Verhältnisse: *Gewöhnt es daran, alles zu bekommen. Denn, da seine Wünsche sich dann durch die Leichtigkeit ihrer Erfüllung unablässig vermehren, werdet ihr früher oder später durch die Unmöglichkeit, sie alle zu befriedigen, gezwungen sein, sie zu verweigern, und diese ungewohnte Verweigerung wird es mehr quälen als der Verzicht auf das, was es wünscht. Zuerst möchte es euren Spazierstock haben, dann eure Uhr, dann den Vogel, der vorbeifliegt; es möchte den Stern, den es leuchten sieht, es möchte alles, was es sieht – wie könnt ihr es zufriedenstellen, wenn ihr nicht geradezu … Gott seid?*[16]

Die zweite Antwort: Im Alltag der Familie kommen die unterschiedlichsten Standpunkte zusammen. Ein fruchtbares geistiges Klima entwickelt sich erst in der Auflösung subjektiver Standpunkte, durch die Aufgabe von Sätzen wie: *Ich meine, ich denke, ich will.* Es ist im skeptischen Gesamtklima der Gegenwartskultur üblich geworden, die Subjektivität der Standpunkte für normal, für richtig, für akzeptabel zu halten. Dass *alles subjektiv ist,* hat sich als «letzte Wahrheit» (die keine mehr ist) in den Köpfen fest etabliert. Möglicherweise liegt genau hier das ethische Grundproblem der heutigen Zeit. Die Erfahrung lehrt, dass eine solche Kultur auf Dauer über ihre Verhältnisse lebt. Sie ist weder stabilisierbar, noch ist von ihr irgendetwas zu erwarten, das Anspruch darauf haben dürfte, am nächsten Tage noch Beachtung zu finden. Arnold Gehlen sprach in diesem Zusammenhang einmal von einer *ephemeren Überschussproduktion,*[17] in die eine Kultur der Subjektivität unweigerlich hineingerät, sobald sie sich verselbstständigt hat und ohne Korrektiv bleibt. Überschussproduktion und grenzenloser Verschleiß sind zwei Seiten des gleichen Phänomens.

Doch was hat das mit Eltern und Kindern zu tun? Das kleine Kind kann gar nicht anders, als alles, was ihm begegnet, zunächst nur aus seiner Perspektive wahrzunehmen und zu deuten. Es meint, es denkt, es will.

Nun wäre die einfachste Verständigung unmöglich, wenn dieser subjektive Standpunkt nicht aufgegeben würde. Kein Satz könnte aufgenommen, geschweige denn verstanden werden. Nicht einmal das schlichte Zuhören wäre möglich, wenn das Ich an sich selbst als Mittelpunkt des Denkens, Wollens und Empfindens festhielte. Wie schwer das ist, merken wir in Gesprächen, in denen es ernst wird. Der Smalltalk lässt uns unberührt. Den Ernst eines Gespräches erfahren wir erst dann, wenn das Ich als Mittelpunkt in Frage steht.

Wenn Kinder nicht sehr früh lernen, sich von sich selbst als Mittelpunkt zu lösen, ist – ich nenne nur ein Beispiel – die Schule mit ihren Anforderungen nur noch eine einzige Tortur.

Wie aber ist die Auflösung des subjektiven Standpunkts denkbar, und was geschieht in der Familie, wenn ein anderes Klima aufzieht als das des freigelassenen Egoismus?

Was sich hier und jetzt als Antwort aufdrängt, ist – so scheint mir – einfach, viel zu einfach. Trotzdem wage ich den Satz: Kinder verlassen ihren subjektiven Standpunkt nur, wenn wir den unseren verlassen haben und das Leben mit ihnen von Grund auf teilen. Das heißt, im Gesprächsfluss zu sein, bei der Bewertung des Kindlichen, Kleinen und scheinbar Unbedeutenden sehr vorsichtig zu werden, die Verschiedenheit der Standpunkte verstehen zu lernen und nichts von oben herab abzuurteilen. Im Umgang mit Kindern begegnet uns immerfort der Mensch in seiner Unfertigkeit. Wir vergessen dabei oft, dass wir selbst unfertig sind. Erst wenn wir dieses Wissen festhalten, ist es möglich, die Unfertigkeit der Kinder mit Gelassenheit anzunehmen.

Die dritte Antwort: Ein fruchtbares geistiges Klima erkennt man leicht an den Interessen, die die Mitglieder einer Gemeinschaft haben und pflegen. Ich bin jedoch weit davon entfernt, mich hier für eine Rangordnung der Interessen auszusprechen, und bin statt dessen versucht zu sagen: Es ist fast egal, welche Interessen Kinder entwickeln, die Hauptsache ist, dass sie welche entwickeln.

Die Welt ist reich und Möglichkeiten gibt es heute viele: etwa Sport, Musik, Sammeln, Lesen, Spielen, Erforschen, Entdecken, Herstellen.

Feste Interessen führen aus der Enge des unmittelbaren und zufälligen Erlebens heraus. Man sieht und hört mehr und genauer und erweitert seinen Zeithorizont. Vor allem muss die Zeit nicht mehr bloß ausgefüllt werden. Genau damit hängt nämlich die Dominanz der elektronischen Medien im Leben der Familie zusammen. Wer sich sinnvoll beschäftigt, hat solche Zeitfüller nicht nötig. Kinder brauchen dabei Hilfe, genauer gesagt: unsere Anregung. Die beste Anregung ist die, sie an unseren eigenen Interessen teilnehmen zu lassen.

Die vierte Antwort: Jede Gemeinschaft, und sei sie noch so klein, ist bestimmt von Konflikten. Zu einem fruchtbaren geistigen Klima gehört eine prinzipielle Friedfertigkeit. Das bedeutet nicht, Konflikten aus dem Weg zu gehen. Im Gegenteil. Friedfertigkeit ist die Bereitschaft zum Frieden. Der Friede ist nur denkbar als Prozess und nicht als Zustand und nur im Durchgang durch Konflikte wird er möglich. Die Voraussetzung dafür ist ein grundsätzlicher, nicht verhandelbarer Respekt voreinander. Mit anderen Worten: Respekt voreinander kann nicht Thema der Konfliktbewältigung sein, weil er deren Voraussetzung ist. Genau das ist gemeint, wenn wir von Friedfertigkeit sprechen. Erleben Kinder Friedfertigkeit, ist es zwar nicht sicher, aber sehr wahrscheinlich, dass sie diesen Geist beerben.

Ausgangspunkt der Überlegung in diesem Kapitel war die denkwürdige Liste der Wirtschaft zum *idealen Lehrling*. Es folgte mein Versuch, die Ansprüche und Erwartungen der Wirtschaftsleute nicht einfach zu ignorieren, sondern ihnen das Beste abzugewinnen. Nun wäre der Gedankengang gründlich missverstanden, wenn die Ausführungen zum Leben und Lernen in der Familie so aufgefasst würden, als sei der *ideale Lehrling* der Zweck des familiären Lebens. Die Kultivierung der Wünsche, die Auflösung subjektiver Standpunkte, die Entwicklung von Interessen und die Bereitschaft zum Frieden sind nicht Wege, um einem Wirtschaftsideal nahe zu kommen. Es sind Momente des familiären Lebens selbst. Dass sie darüber hinaus die Teilnahme am Arbeitsleben ermöglichen, liegt nicht in der ursprünglichen Absicht, sondern ist sozusagen ein Nebeneffekt. Genauer formuliert: Wenn ich möchte, dass Kinder die Sprache der Höflichkeit lernen, denke ich nicht an ihren späteren erfolgreichen Umgang mit Kunden, sondern nur daran, dass sie hier und jetzt sich menschlich verhalten lernen. Oder: Wenn ich möchte, dass Kinder sich selbst beherrschen lernen, und sei es nur in der Wahl ihrer Worte oder in der Art, wie sie die Erfüllung ihrer Wünsche einklagen, dann habe ich nicht den zukünftigen Arbeitsprozess vor Augen. Selbstbeherrschung ist eine Bedingung (bei weitem nicht die einzige), um in einer Gemeinschaft vernünftig miteinander umgehen zu können.

Mit anderen Worten: Hängt die Frage, was der *ideale Lehrling* ist, vielleicht aufs Engste mit der Frage zusammen, was der *ideale Mensch* ist? Ich ahne den Abgrund, der sich mit diese Frage auftut. Über den *idealen Lehrling* ließ sich noch ganz unbefangen nachdenken und die Gedanken hatten einen realen Boden: den *homo laborans,* den Menschen als intelligenten Arbeiter, der nicht nur existiert, sondern sich um seine Existenz ausdrücklich kümmern muss. Und nun der *ideale Mensch*? Ein abgehobener Gedanke? Eine Abstraktion aus längst vergessenen Zeiten? Eine Schimäre aus den alten Studierstuben der Philosophie? Alter Kram von vorvorgestern, der auf den Müllhalden der Ideengeschichte entsorgt ist und den das kritische Bewusstsein längst als Fabel, als Projektion, als Lüge und als gefährlichen Sprengstoff für Gesinnungstäter durchschaut hat?

Um den Gedanken noch weiter zuzuspitzen, stelle ich eine weitere Frage, und aus Gründen der Deutlichkeit und Klarheit will ich den Sprung auf eine andere Sprachebene wagen und zwei Worte gebrauchen, die sich vom bisherigen Sprachfluss unterscheiden. Die Frage lautet: Was unterscheidet eigentlich den *idealen Lehrling* vom aalglatten Typen?

Der aalglatte Typ ist durchweg leistungswillig. Der Leitstern dieses Menschenschlages ist der Erfolg und um erfolgreich zu sein, ist ihm jedes Mittel recht. Er ist beredt, spricht zwei, drei Sprachen fließend und wenn es sein muss, ist er von ausgesprochener Höflichkeit und Freundlichkeit. Stets steht er zu Diensten, verfügt über ein großes Allgemeinwissen und weiß davon ge-

schickt Gebrauch zu machen. Im Smalltalk jedenfalls ist er ein
Meister. Wem er dient, ist ihm im Grunde gleich. Die Hauptsache
ist, dass der Erfolg auf seiner Seite steht. Er passt sich an. Zur
Teamarbeit ist er durchaus bereit und fähig. Gerade im Team
kann er sich so recht ausleben, macht es diesem recht und jenem
und reibt sich am Ende die Hände. Gern trägt er Verantwortung,
solange sie seinem Fortkommen nützt. Seine Belastbarkeit ist
enorm. Vor allem: Er ist stets mobil und weiß, dass Mobilität sehr
hoch im Kurs steht. Der aalglatte Typ hat keine Skrupel. Doch er
beschmutzt sich nie, hat immer eine weiße Weste und versteht es,
sich auch durch schwierigste Lebenslagen hindurchzuwinden.
Diensteifrig rückt er die Sessel der Mächtigen zurecht, und wenn
er merkt, dass ein Sessel ins Wanken gerät, wendet er sich schnell
demjenigen zu, dessen Stuhl noch nicht wackelt. Zu seinen Lieb-
lingsworten gehört das Adjektiv «naiv». Er gebraucht es nur selten. Es ist jedoch das Leitwort seiner inneren Monologe. Mit diesem Wort grenzt er sich von denen ab, die anders sind als er. Naiv
für ihn ist, wer den harten Boden der Tatsachen verlässt und anderes zu schätzen weiß als Erfolg, Karriere, Macht und Geld.

Ist dieser Menschenschlag nicht gebildet? Erfüllt er nicht exakt
die Merkmale, die die Wirtschaftsleute für den *idealen Lehrling*
fordern?

Wen der Überdruss (oder darf und soll ich sagen: der Ekel?) an
diesem Menschentyp nicht einmal erfasst hat, für den ist das, was
mit dem Begriff *Bildung* einmal intendiert war, wirklich nur noch
eine Angelegenheit für Rückwärtsgewandte, Relikt aus einer Zeit,
die längst vorbei ist.

Bildung – so hatten die Alten[18] diesen Begriff gedacht – entscheidet darüber, auf welcher Seite wir im Leben zu stehen kommen, auf der Seite der Aktualitätsgläubigen, die bedenkenlos im
großen Strom des jeweils Geltenden und Angesagten mitschwim-
men oder auf der Seite derjenigen, die wenigstens noch eine rudi-
mentäre Achtung vor dem haben, was einmal mit Ernst und Hin-
gabe gedacht, erhofft und ersehnt wurde. Es geht darum, ob wir
bloß brauchbare Menschen werden, die ihre Erfüllung darin finden, in der Arbeitswelt ganz aufzugehen oder ob wir zu denen

gehören werden, die in den *Fluren des Funktionierens*[19] nicht um jeden Preis und ohne Skrupel einfach nur mitlaufen und mitmachen. Diese Alternativen entscheiden darüber, welches Leben wir führen und welche Ausstrahlung dieses Leben auf andere hat.

Wenn mich nun jemand fragen würde: Was meinst du denn genauer mit dem *idealen Menschen*?, geriete ich in arge Bedrängnis. Ich weiß es nicht und mir liegt es völlig fern, ein Ideal zu entwerfen und auszumalen. Das wäre nur lächerlich und hätte etwas von Poesiealben-Philosophie an sich. Ideale – ich deutete schon darauf hin – waren und sind nicht ungefährlich. Der wirkliche Mensch kommt immer schlecht weg, wenn er am Ideal gemessen wird. *Der Schaden der Guten ist der schädlichste Schaden.*[20] Die politischen Erfahrungen des vergangenen Jahrhunderts zeigen überdeutlich, dass der idealistisch verbrämte Terror der schlimmste Terror war (und ist). Das gilt auch für die Verhältnisse in der Familie: Wenn die Eltern genau wissen, was ein guter Mensch ist, haben die Kinder einen schweren Stand.[21]

Was soll dann aber die Rede vom *idealen Menschen*, wenn ich nicht einmal anzugeben weiß, was das genau ist? Ist das nur eine philosophische Marotte, die Lust an Aporien und Widersprüchen, Beschäftigung des Denkens mit sich selbst?

Wir bewegen uns auf schwer begehbarem Terrain. Ludwig Wittgenstein hat dies einmal mit einer Spekulation folgendermaßen umschrieben: *Wir fühlen, dass selbst, wenn alle möglichen wissenschaftlichen Fragen beantwortet sind, unsere Lebensprobleme noch gar nicht berührt sind.*[22]

Lebensprobleme hängen mit Erfahrungen zusammen, in denen *wir* auf dem Spiel stehen. Was wissen wir von uns selbst? Wie sehen wir uns? Was verstehen wir von diesem Leben in seiner Endlichkeit, in seiner Beschränktheit, in seiner Brutalität, in seinen irrwitzigen Zufälligkeiten und seiner Enge? Was sind wir uns selbst schuldig und was schulden wir anderen? Wo ist das Licht in diesem Tunnel, den man Dasein nennt? Wo kommt sie her, die Atemluft, die nötig wäre, um am täglichen Gerede, an den Halbheiten und Unaufrichtigkeiten, in die wir – aktiv und passiv – verwickelt sind, nicht zu ersticken? Und wenn es wahr ist, dass wir nicht *vom Brot alleine leben*:[23] Wovon leben wir dann? Was tue ich eigentlich und warum tue ich das, was ich tue?[24]

Was Bildung heißen darf, zeigt sich am wenigsten wohl darin, dass solche Fragen eine klare und abschließende Antwort finden. Für diese Fragen wach zu sein, den Aufbruch aus dem *Bequemlichkeitshorizont*[25] zu wagen, sich auf den Weg zu machen in ein gutes und bewusstes Leben, das nur in Spuren und Andeutungen gegenwärtig ist – das, so denke ich, könnte Bildung sein, die es nicht nötig hat, sich an einem fertigen Ideal zu orientieren. Es sind die Suchenden, von denen eine Faszination ausgeht, die ansteckt und uns viel mehr helfen kann, aus dem engen Horizont der immer hektischer werdenden Betriebsamkeit auszubrechen, als der festgefügte Dogmatismus eines Bildungsideals.

Was, so wird man wieder zu Recht fragen, hat das mit Eltern und mit Kindern zu tun? Gibt es Wege in die Bildung, ohne seine Angehörigen mit einem Bildungsideal zu nerven?

Der Gebildete ist nie fanatisch. Vor allem den Erziehungsfanatismus hat er gründlich hinter sich. Sein Lebenselement heißt Duldsamkeit. Kindern kommt das nur zugute. Was sie brauchen, um aus der Verfassung des Kleinkinds herauszuwachsen, ist die große Geduld ihrer Eltern, den langen Atem derer, die gelernt haben, lange warten zu können.

Bildung bricht die Kruste des Normalen und Festgefahrenen auf und hält den Menschen offen für die Fragen, die über die bloße Sicherung der Existenz hinausgehen. Das hat Folgen für das ganz alltägliche Leben. Der weit gewordene Horizont erst lässt es zu, die Querelen des Tages mit Gelassenheit zu ertragen. Auch das kommt Kindern zugute.

Der Gebildete hält Distanz. Distanzlos ist der Mensch, der nicht gelernt hat, von sich selbst Abstand zu nehmen, und sich im Besitz der Wahrheit glaubt. Deshalb kann der Gebildete Kinder *sein lassen*, ohne dabei in Angst und Schrecken zu geraten.

Am deutlichsten erkennt man den Gebildeten am Gebrauch seiner Sprache. Er wägt ab, was er zur Sprache bringt, unterscheidet zwischen wichtig und unwichtig, weiß aber, dass er sich bei dieser Unterscheidung gründlich täuschen kann.

Und – wird man fragen – hat das irgendeinen Einfluss, eine Wirkung auf Kinder? Bilden sie sich?

Mit Sicherheit kann ich diese Fragen nicht beantworten. Hartmut von Hentig hat einmal darauf hingewiesen, dass Bildung reflexiv zu denken ist: Bildung heißt immer *sich* bilden.[26] Und *sich bilden* kann ein einzelner Mensch nur aus eigenen Stücken. Was wir als Eltern hier vermögen, ist vermutlich sehr wenig. Aber das Wenige zu tun ist wichtig genug, um die Ahnung aufkeimen zu lassen, was es heißen kann: ein Leben zu führen in Freiheit und Würde.

Bildung, sagt Kant, sei zuerst und vornehmlich Arbeit an sich selbst: *Sich selbst besser machen, sich selbst kultivieren, und, wenn er böse ist, Moralität bei sich selbst hervorbringen, das soll der Mensch.*[27] Und der lebenskluge Kant fügt hinzu: *Wenn man das aber reiflich überdenkt, so findet man, dass dieses sehr schwer ist.*[28] Nur Arbeit an sich selbst kann vor dem Hochmut gegenüber anderen bewahren, vor allem aber vor dem Dünkel schützen, man selbst sei schon ganz in Ordnung. Der Gebildete erkennt, dass er kein guter Mensch ist. Er weiß sich immer nur als Suchender und das nicht aus falscher Bescheidenheit, sondern aus dem klaren Wissen, in Schuld verstrickt zu sein. Erst aus diesem Wissen heraus könnte das aufkeimen, was dem Leben einen anderen Glanz verleiht als das, was sichtbar glänzt: realitätsgeprüfte Güte.

Intermezzo

Den Ungebildeten erkennt man daran, daß er anderen Vorwürfe macht, wenn es ihm schlecht ergeht, den philosophischen Anfänger daran, daß er sie sich selbst macht. Der wirklich Gebildete macht solche Vorwürfe weder einem anderen noch sich selbst.

Epiktet
Handbüchlein der Ethik, Kap.5

Nichts Erbärmlicheres gibt es als den Menschen, der alles im Kreise herum durchgeht und, was in der Erdentiefe ist, sagt er, aufspürt und die Vorgänge der Seele des Mitmenschen durch Vermutungen erforscht, aber nicht bemerkt, daß es genügt, einzig bei seinem inneren Dämon zu verbleiben und diesen aufrichtig zu ehren. Die Ehrung liegt darin, daß man ihn rein von Leidenschaft, Ziellosigkeit und Mißfallen gegenüber dem von Göttern und Menschen Kommenden bewahrt. Denn was von den Göttern kommt, ist verehrungswürdig wegen der Erhabenheit, was von den Menschen kommt, ist lieb wegen der Verwandtschaft, manchmal aber auch in gewisser Hinsicht bedauernswert wegen der Unkenntnis dessen, was gut und schlecht ist.

Marc Aurel
Wege zu sich selbst, S. 49

Die persönlichsten Fragen der Wahrheit. – «Was ist das eigentlich, was ich tue? Und was will gerade ich damit?» *– das ist die Frage der*

Wahrheit, welche bei unserer jetzigen Art Bildung nicht gelehrt und folglich nicht gefragt wird, für sie gibt es keine Zeit. Dagegen mit Kindern von Possen zu reden und nicht von der Wahrheit, mit Frauen, die später Mütter werden sollen, Artigkeiten zu reden und nicht von der Wahrheit, mit Jünglingen von ihrer Zukunft und ihrem Vergnügen zu reden und nicht von der Wahrheit – dafür ist immer Zeit und Lust da! – Aber was sind auch siebzig Jahre! – das läuft hin und ist bald zu Ende; es liegt so wenig daran, daß die Welle wisse, wie und wohin sie laufe! Es könnte Klugheit sein, es nicht zu wissen. «Zugegeben: aber stolz ist es nicht, auch nicht einmal danach zu fragen; unsere Bildung macht die Menschen nicht stolz.» – Um so besser! – «Wirklich?»

Friedrich Nietzsche
Morgenröte, Bd. I, S. 1144

Dankbarkeit und Schuld

Von der hartnäckigsten Illusion der Liebe

Essen gut, alles gut. Mit diesem Satz wirbt eine Firma, die Soßenextrakte herstellt, für die Vermarktung ihrer Produkte. Gezeigt wird im entsprechenden Werbespot eine gut gelaunte Familie: Vater lacht, Mutter lacht, die Kinder lachen, eine fröhliche, glückliche Gemeinschaft. Man sitzt am reich gedeckten Tisch, in der Mitte brennt eine Kerze und auf dem Herd dampft ein saftiger Braten, zubereitet mit der guten Soße, auf die der Spot aufmerksam machen soll.

Was hier gesagt wird, gilt für die gesamte Welt des Konsums: Lebe unbeschwert, freue dich, genieße in vollen Zügen. Dann wird alles gut.

Ohne Unterlass durchflutet diese einfache Botschaft den Äther. Das Credo ist – bei allen Raffinessen der Genüsse – denkbar schlicht: Wohlbefinden ist der höchste Wert, das, worauf alles ankommt in diesem kurzen und flüchtigen Leben. *Lasset uns essen und trinken, denn morgen sind wir tot.*[1]

Die Philosophie dieser Botschaft durchschauen heute schon die Kinder: Essen gut, alles gut? Wenn der Tisch reich gedeckt ist und der Bauch voll, ist dann schon alles in Ordnung?

Die *happy families* der Werbebranche – auch das pfeifen die Spatzen der Kritik inzwischen von den Dächern – sind Trugbilder. Sie versprechen Falsches. Denn eines ist gewiss: Vom Brot alleine ist noch kein Kind groß geworden. Die Vorstellung vom leichten Leben – jeder Werbespot gibt eine Kostprobe davon – ist eine Illusion in einer Welt, in der es möglich geworden ist, sich in einem unvorstellbar großen Wohlstand zu tummeln.

Was uns Eltern wirklich beherrscht, jenseits dieser Illusion, jenseits der Komsumtrugbilder und dem Wunsch, das Leben möge sich möglichst leicht gestalten, ist die permanente Sorge: Sorge um die Gesundheit, um die richtige Ernährung, um ein wohnliches Zuhause, um eine gedeihliche Entwicklung in einer Welt, die – gelinde formuliert – nicht immer freundlich entgegenkommt. Kommt dann im Laufe der Jahre die Schule mit ihren Ansprüchen und Anforderungen hinzu, ist die Sorge mit ganz neuen Inhalten besetzt, und viele von uns machen die bittere Erfahrung, dass es womöglich keine andere Institution mehr gibt, die so tief, so bestimmend und fordernd in das Leben der Familie eingreift wie die Schule.

Wir Eltern sind Gebende. Die Kinder sind Nehmende. Am Anfang einer Geschichte mit Kindern ist die Verteilung der Rollen einfach und klar.[2]

Zwei Probleme drängen sich auf. Erstens ist es nicht ungefährlich, in der Sorge, für die es jeden Tag Anlässe in Hülle und Fülle gibt, aufzugehen. Der Philosoph Martin Heidegger sprach in diesem Zusammenhang von der *uneigentlichen Existenz*.[3] Wer sich um das Wohlergehen anderer kümmert, erfährt zugleich eine große Entlastung: Er ist sich selbst – zumindest vorübergehend – los.

Das zweite Problem beginnt dort, wo wir nicht nur von der Sorge bestimmt werden, sondern über die Sorge selbst und ihre Inhalte fortwährend nachdenken: Gebe ich genug? Gebe ich das Richtige? Gebe ich zu viel? Wann schlägt Sorge in Überversorgung um? Wann ist das Geben nur noch ein Bedienen der Augenblickswünsche und Spontaninteressen? Wann ist die Sorge der einzige Lebensinhalt? Nehme ich die Aufgaben, die ich zu erfüllen habe, angemessen wahr, und was heißt angemessen?

Wir sind Trostspender, Heiler und Helfer. Wir sind Fürsprecher, Wegbereiter und Ernährer. Wir müssen Zukunft vorwegnehmen und uns um eine erfüllte Gegenwart kümmern. Wir sind Organisatoren, Krisenmanager und Taxifahrer und können uns bei all dem, was wir zu bewältigen haben, fortwährend gründlich irren.

In diesem Zusammenhang ist ein Wort fällig, das uns fast abhanden gekommen ist, das Wort *Schuld*. Teile der Psychologie haben in Theorie und therapeutischer Praxis den noch vorhandenen Rest des Schuldbewusstseins endgültig eliminiert, indem sie ihn pathologisierten. Was von Schuld noch übrig geblieben ist, heißt seitdem *Schuldkomplex*.

Statt dessen haben wir uns daran gewöhnt, das Falsche, Unstimmige und schief Geratene mit dem Großen und Ganzen in Verbindung zu bringen, mit *der Gesellschaft* etwa, die man für misslungene Entwicklungen und ungute Verhältnisse verantwortlich macht, mit *dem Zeitgeist*, der dem Leben in der Familie nicht immer Gutes angedeihen lässt, mit *der Moderne*, in der die Menschen mit ganz anderem beschäftigt sind als mit der Sorge um ein Kind.

An das Große und Ganze denke ich hier nicht. Ich meine unsere Aufmerksamkeit, die nie ganz auf ihrer Höhe ist, unsere Erkenntniskraft, die sich im *Dschungel der Erziehung*[4] schnell verzehren und erschöpfen kann, unseren Willen zur Fürsorglichkeit, der durchkreuzt wird von Unlust und dem Wunsch, endlich mal wieder seine Ruhe zu haben. Mit anderen Worten: Ich rede von wirklichen Eltern, nicht von den theoretischen Idealen, die am laufenden Bande produziert werden. Wirkliche Eltern tragen Schuld, weil sie Gebende sind und sich als Gebende immer verirren können.

Im Gedanken der Schuld liegt das Erschrecken vor der Einsicht, dass *wir* verantwortlich sind, *wir* uns zuzurechnen haben, was wir tun und unterlassen, *wir* die großartigen Eltern nicht sind und nicht sein können, für die wir uns manchmal halten.

Rousseau, der gründlich und tief über Erziehung und Bildung nachdachte, schrieb in einem Zeitraum von fast zwei Jahrzehnten ein wunderbares, wegweisendes Buch: *Emile oder Über die Erziehung*. Dieser Roman ist einer der großen Würfe der Philosophie des 18. Jahrhunderts, entstanden aus der Sehnsucht nach Klarheit im Leben, das Kinder und Erwachsene miteinander zu teilen haben. Schwer erträglich an diesem großen Werk ist die ideale Erzieherfigur, aus deren Perspektive Rousseau entwickelt, was *vernünftige Erziehung* heißen darf. Den wirklichen Eltern traut

Rousseau einfach nichts mehr zu. Und hier liegt der Punkt: Der ideale Erzieher Rousseaus macht keine Fehler, trifft immer zur rechten Zeit die richtigen Entscheidungen, zögert, wenn Zögern erforderlich ist, treibt voran, wenn es sein muss, erkennt Gefahren, auch wenn sie noch in weiter Ferne liegen, hält sich zurück, wenn die Umstände es nötig machen, offenbart sich, wenn Selbstoffenbarung angezeigt ist; und alles geschieht mit der zuvor vorausbedachten positiven Wirkung auf den – so sagte man damals – Zögling. Rousseaus Erzieherfigur ist das Exekutivorgan der gereinigten praktischen Vernunft, kein wirklicher Mensch, der lebt und leidet, der Fehler macht und das, was andere dringend nötig hätten, gar nicht sieht.

Das Kind muß sich ganz der Sache hingeben, aber ihr müßt euch ganz dem Kind hingeben, heißt es an zentraler Stelle.[5]

Rousseaus idealer Erzieher beherrscht die Klaviatur der Erziehung bis zur irrtumsfreien Perfektion. Nur eines kann er deshalb nicht: Er kann nicht schuldig werden.

In einem der widersprüchlichsten und ungewöhnlichsten Bücher, das unruhig oszilliert zwischen pathetischem Kitsch und Hellsicht, in Nietzsches *Also sprach Zarathustra,* gibt es unter den zahlreichen Reden Zarathustras eine mit dem Titel: *Von der Ehe und vom Kind.*[6] Eheleute kommen darin nicht gut weg, und mit drastischen Worten beschreibt Zarathustra die Wirklichkeit dieser altehrwürdigen Institution. Ein erbärmlicher Bund sei die Ehe, ein Zusammenschluss der in *himmlische Netze verschlungenen Tiere,*[7] die die Not oder der sehnliche Wunsch, die bedrückende Einsamkeit los zu werden, zusammengeführt hat. Und Zarathustra klagt:

Ach, diese Armut der Seele zu zweien! Dieser Schmutz der Seele zu zweien! Dies erbärmliche Behagen zu zweien![8]

Und dann taucht am Ende dieser scharfen Polemik, die sich an der durchschnittlichen und grauen Wirklichkeit der Ehe reibt, ein Satz auf, der bei mir eingeschlagen ist wie ein Blitz: *Welches Kind hätte nicht Grund, über seine Eltern zu weinen!*

Beginnt bewusste Elternschaft vielleicht erst dort, wo dieser Gedanke uns einmal angerührt hat?

Damit ich nicht falsch verstanden werde: Es liegt mir völlig fern, die Erfahrung der Schuld als Negativum auszulegen: als Last, die klein macht, oder als Druck, der auf der Seele lastet. Das Bewusstsein der Schuld hat etwas Befreiendes. Wir begreifen uns in unserer eigenen Unvollkommenheit und lernen, damit zu leben, ohne uns jedoch damit einfach nur abzufinden nach dem Motto des alten Schlagers: *Wir sind alle kleine Sünderlein.*

Sich schuldig zu wissen, bewahrt vor zweierlei: vor dem Ausleben des Überlegenheitsgefühls und vor dem Omnipotenzwahn, im Verhältnis zu den Kindern nicht irren zu können. Wer sich schuldig weiß, lernt das Endliche, im Werden Begriffene, Anfällige und Gefährdete schätzen und lieben und behelligt andere (vor allem Kinder) nicht mit Perfektionsvorstellungen.

Und die Kinder, schulden sie uns etwas? Verdanken sie uns nicht alles? In der familiären Luft liegt eine eigentümliche Erwartung, die selten ausgesprochen wird, aber immerzu gegenwärtig ist. Wie ein Gewitter, das nicht ausbricht und sich nur als dumpfes Grollen in der Ferne ankündigt, beherrscht es die Atmosphäre. Ein ständiges Belauern, Abmessen und Bewerten begleitet alle Regungen und Handlungen, und die harmlosesten Ereignisse werden mit dieser Erwartung aufgeladen: das ausgebliebene Telefonat, die beiläufig geäußerte Bemerkung, der verpasste Termin, das falsch ausgewählte Geschenk, der Blick, der ins Unbestimmte geht und niemanden Bestimmten meint, die unbedachte Geste, der Tonfall. Was erwartet wird, ist die Dankbarkeit der Kinder und diese – das liegt unausgesprochen in der Luft – kann nicht groß genug sein.

Es ist wohl wahr: Wir Eltern sind Trostspender, Heiler und Helfer. Wir sind Zuhörer, geben geduldig Antworten und stellen beharrlich Fragen. Wir zeigen die Schätze der Welt und sorgen für Frieden in der Gemeinschaft. Wir üben die Rechtschreibung und machen uns Gedanken über den nächsten fälligen Test in Biologie. Doch gibt es irgendeinen Grund, für all das, was wir geben, Dankbarkeit erwarten zu dürfen?

Rousseau hat mit seinem ausgeprägten Gespür für die untergründigen, nicht direkt artikulierten und nur schwer fassbaren Motivlagen des Menschen dieses Problem sehr genau gesehen.

Seine Antwort ist eindeutig: Es gibt keinen vernünftigen, auch nur in Ansätzen respektablen Grund, Dankbarkeit erwarten zu dürfen. Auch diese Passage aus dem *Emile* will ich nicht vorenthalten. Rousseau schreibt: *Welche Empfindungen wird er haben, wenn er, sich seiner selbst bewußt geworden, verstehen wird, was ihr für ihn getan habt, wenn er fähig ist, sich mit anderen jungen Menschen seines Alters zu vergleichen, und euch mit anderen Erziehern! Ich sage, «wenn er es erkennen wird» – hütet euch aber, es ihm zu sagen; sagt ihr es ihm, wird er es nicht mehr anerkennen. Verlangt ihr Gehorsam von ihm für die Fürsorge, die ihr ihm angedeihen ließt, glaubt er sich von euch überlistet; er wird sich sagen, daß ihr, indem ihr vorgabt, ihn euch umsonst zu verpflichten, vorhattet, ihn mit einer Schuld zu beladen und durch einen Vertrag zu binden, dem er nicht zugestimmt hat. Vergebens werdet ihr hinzufügen, alles, was ihr von ihm verlangt, sei nur zu seinem Besten – ihr fordert schließlich, und ihr fordert auf Grund dessen, was ihr ohne seine Einwilligung getan habt. Wenn ein Unglücklicher Geld annimmt, das man ihm zu schenken vorgibt und sich dann gegen seinen Willen angeworben sieht, schreit ihr über solche Ungerechtigkeit: seid ihr nicht noch ungerechter, von eurem Zögling den Preis für eine Fürsorge zu verlangen, der er gar nicht zugestimmt hat?*

Es gäbe weniger Undankbarkeit, wenn mit der Wohltätigkeit weniger Wucher getrieben wird ... Wenn ihr eure Geschenke verkauft, werde ich um den Preis feilschen; wenn ihr aber zu schenken vorgebt, um hinterher zu eurem Preis zu verkaufen, so ist das Betrug – nur durch Unentgeltlichkeit werden Geschenke unschätzbar ...

Hütet euch, ihn zu verscherzen, indem ihr euch eurem Zögling gegenüber zu sehr ins rechte Licht zu setzen sucht. Ihm eure Dienste rühmen heißt, sie ihm unerträglich machen ... Bis zu dem Augenblick, da er als Mann behandelt wird, darf niemals die Rede von dem sein, was er euch schuldet, sondern nur von dem, was er sich selber schuldet.[9]

Den ermahnenden Predigerton aus dem Text weggenommen, der heute in der Ratgeberliteratur seine Fortsetzung findet, kann ich nur feststellen: Der Gedankengang Rousseaus ist überzeugend. Dankbarkeit als Lohn für die getane Arbeit zu erwarten, ist Betrug am Kind.

Vielleicht ist ungetrübte Dankbarkeit nur möglich als Ereignis. Auf dieses Ereignis zu warten oder seine Einlösung gar von jemandem zu erwarten, liegt noch ganz in der Logik des Verrechnenwollens, die Rousseau zu Recht kritisierte. Das Ereignis stellt sich ein. Und wenn es sich einstellt, trifft es uns unvorbereitet und zieht uns ganz in seinen Bann. Alles Verrechnen, Vorhalten, Einklagen und Kalkulieren verschwindet. Es zieht eine Helle auf, in deren Licht nichts mehr Mittel zum Zweck ist. Und wenn wir in diesem Augenblick beschenkt werden, ohne je damit gerechnet zu haben, so ist das einfach nur ein unfassliches Glück.

Elternschaft ist nie per se ein Glück. In unseren Händen liegt allein, des *Glücks würdig zu werden*. Das erfüllt sich in der genauen Wahrnehmung und Übernahme dessen, was jeder Tag uns abverlangt.

Alle nicht entstellte Beziehung, ja vielleicht das Versöhnende am organischen Leben selbst, ist ein Schenken, schreibt Theodor W. Adorno in den *Reflexionen aus dem beschädigten Leben.*[10] Wer gelernt hat, sich zu verschenken, rechnet nicht mehr mit Dankbarkeit.

Intermezzo

Wie viele Jahre muß man nicht tun, um nur einigermaßen zu wissen, was und wie es zu tun sei!

Johann Wolfgang von Goethe
Maximen und Reflexionen, Bd. XXI, S. 105

Vom Umgang mit Kindern

Flüchtige Notizen, Skizzen und Einsichten

Stärke

Es wird gern gesagt, Kinder bräuchten eine starke Hand. Das ist – in dieser allgemeinen Formulierung – sehr zweifelhaft. Manche Kinder brauchen sie wirklich wie das tägliche Brot und das für lange Zeit, manche brauchen sie hin und wieder und manche überhaupt nicht.

Doch was heißt das, eine starke Hand? Oder genauer formuliert: Was ist Stärke?

Wer wirklich stark ist, trumpft nicht auf und hat jede Herren-Attitüde gründlich abgestreift.

In den Auseinandersetzungen des Tages nimmt er sich vor, ein inneres Gleichmaß zu bewahren. Er weiß, dass ihm das mitunter schwer fällt und er sich erregen kann, wenn andere – ohne nachzudenken – ihre Meinungen kundtun und Ansprüche geltend machen.

Er kann zwar nachgiebig sein, ein bestimmter Grund für Nachgiebigkeit ist ihm jedoch zutiefst verhasst: der Wunsch, seine Ruhe zu haben und nicht behelligt zu werden. Wer stark ist, lässt sich behelligen und mischt sich ein, wenn er gefragt wird und herausgefordert ist. Kommt es wirklich zum Konflikt, lässt er sich so schnell nicht umblasen.

Der Starke kennt vor allem seine Schwächen. Er unterdrückt sie nicht, stellt sie aber auch nicht zur Schau, sondern sucht sich mit ihnen anzufreunden. Das macht ihn milde gegenüber den Schwächen anderer.

Was die Kinder betrifft: Wer stark ist, betrachtet sie nie als schwach, obwohl er weiß, wie schwankend der Boden ist, auf dem Kinder manchmal stehen. Da er aber selbst nicht immer festen Boden unter den Füßen hat, fühlt er sich ihnen in diesem Punkte oft verbunden. Wenn er der festen Überzeugung ist, er müsse ein Kind an die Hand nehmen, an die starke Hand, dann tut er das.

Der Starke drängt sich niemals auf. Er hält sich zurück, wenn er nicht sicher ist, ob das, was er denkt, auch richtig ist. Am Gerede nimmt er nicht teil. Das schützt ihn geradezu davor, Opfer des Geschwätzes zu werden. Wenn er Kritik erfährt, hört er sehr genau hin, wer kritisiert.

Aufmerksamkeit

Die Kinder müssten immer an unserem Leben teilhaben können, aber nie, oder vorsichtiger gesagt, nur ganz selten im Zentrum unserer Aufmerksamkeit stehen. Im Zentrum der Aufmerksamkeit stehend werden sie – gewollt oder ungewollt – fortwährend beurteilt.

Das fortwährende Beurteilen wird von der Furcht bestimmt, in der Entwicklung der Kinder etwas unterlassen zu haben, falsch zu machen und zu versäumen. Man nimmt dabei an, dass Entwicklungen immer fortschreitend verlaufen müssten: von einem niedrigen auf ein höheres Niveau. Dass Entwicklungen auch durch Rückschritte ermöglicht werden, ist ein schwer erträglicher Gedanke. Das bedeutet nämlich, das zunächst als negativ Bewertete zu begrüßen, also die Krankheit als Teil der Gesundung oder Rückschritt und Stillstand als Momente der Fortentwicklung gutzuheißen. Im medizinisch-therapeutischen Komplex denkt man genau umgekehrt: Der Erfolg der Medizin und der Psychotherapie beruht auf der entschlossenen Kampfansage gegen alles Defizitäre, Unentwickelte, Kranke und Stillstehende.

Heute stehen wir vor dem Problem, dass wir als Familie keine gemeinsame Aufgabe mehr haben. Die Familie als wirtschaftliche Einheit, in der alle für das Überleben der Gemeinschaft Sorge tragen mussten, gehört – bis auf ganz wenige Ausnahmen – der Vergangenheit an. Darum ist es nicht mehr möglich, dass Kinder *nebenbei* groß werden und *nebenbei* lernen, was nach meiner Einschätzung die intensivste Form des Lernens ist. Statt dessen wird Lernen heute inszeniert, und die Kinder stehen im Schnittpunkt einer von Furcht bestimmten Aufmerksamkeit, die ihnen oft (oder sollte ich sagen: zumeist?) nicht gut tut.

Wie aber wäre eine Aufmerksamkeit zu denken, die nicht von Furcht bestimmt ist, etwas zu versäumen oder verpasst zu haben, und die sich von der Illusion befreite, die besten Weichen für die Zukunft der Kinder stellen zu können? Es wäre ein Wachsein für die zahllosen Anforderungen des Tages und ein bewusstes Ausblenden der Kinder aus dem Zentrum der Aufmerksamkeit.

Warten können

Janusz Korczak sprach einmal vom *hysterischen Warten*.[1] Er meinte damit die Ungeduld der Erwachsenen, vor allem der Eltern, angesichts der langsamen Entwicklung von Kindern: Wann kommt das erste Zähnchen nur? Warum kann er immer noch nicht laufen? Warum kann er immer noch nicht sprechen?

Die Zeit des Wartens hat keinen Eigenwert, schreibt Marianne Gronemeyer und deutet damit einen Verlust an.[2] Als vergeudete Zeit wird sie aufgefasst, in der nichts Nennenswertes passiert. Wenn die Fähigkeit, warten zu können, verlernt wird – und unter dem Beschleunigungsdiktat der Moderne wird sie verlernt –, dann ist eine wesentliche Dimension des Erleben- und Erfahrenkönnens einfach ausgelöscht.

Im Leben mit Kindern meldet sich fortwährend etwas, das nicht zu beschleunigen ist, und wenn es nur das Zähnchen ist, das nicht kommen will.

Was wächst, hat *sein* Wachstumstempo. Das moderne Bewusstsein hingegen will Temposteigerung, das Unberechenbare in Berechenbares verwandeln und so schnell und sicher wie möglich das Ergebnis vor Augen haben.

Diese Haltung wird an die Kinder weitergegeben. Wir erleben es heute überdeutlich. Wen wundert es, dass sie nicht mehr warten können und einen Aufschub ihrer Wünsche nur schwer ertragen. Die vermeintliche moralische Superiorität dreht den Kindern daraus einen Strick und unentwegt wird über die Ungeduld der Jugend geklagt, die das Warten verlernt habe.

Manche Bereiche der Kunst machen noch erfahrbar, was es bedeutet, warten zu können. Ein Künstler, der über Monate hinweg ein Stück Holz bearbeitet, um daraus eine Plastik anzufertigen, ist auf eine lange Herstellungsphase eingestellt. In diesem Prozess entwickelt das Material und die noch unfertige Form eine Eigendynamik, deren Berechenbarkeit sich auch dem handwerklich geschicktesten Künstler entzieht. Erst wenn diese Eigendynamik akzeptiert wird, kann ein Kunstwerk gelingen. Warten können ist also nicht nur eine Frage der Zeitüberbrückung. Es ist auch die Anerkennung des Umstands, dass das, was erwartet wird, *seine* Zeit hat. Seine Ankunft liegt nicht in meiner Hand.

Vom Künstler lässt sich, was den Umgang mit Kindern betrifft, mehr und vor allem anderes lernen als vom Techniker: Geduld und Ausdauer, die Vorstellung, dass das Gegenüber *seine* Zeit hat, insbesondere aber die Anerkennung fremden Daseins in seiner Eigenständigkeit und Würde.

Warten können heißt hoffen können: Es wird gut, auch ohne mein zudringliches Eingreifen und Vorantreiben. Goethe schreibt in einem Brief aus dem Jahre 1788 an seinen Freund Friedrich Heinrich Jacobi, der Probleme mit seinem Sohn Georg hatte: *Von deinem Georg habe ich immer das Beste gehofft und war unzufrieden mit Euch, daß Ihr immer mit dem Kinde unzufrieden waret. Ein Blatt, das groß werden soll, ist voller Runzeln und Knittern, eh es sich entwickelt, wenn man nun nicht Geduld hat und es gleich so glatt haben will wie ein Weidenblatt, dann ist's übel.*[3]

Langer Atem

In den schnelllebigen Verhältnissen der Gegenwartskultur herrscht die Gewohnheit vor, alles nur Denk- und Wünschbare rasch zur Verfügung zu haben. Im Umgang mit Kindern ist diese

Gewohnheit nicht ungefährlich. Wer etwas von Kindern will, muss wissen, dass das nicht per Knopfdruck funktioniert. Große Umwege sind mitunter nötig und Durststrecken durchzustehen. Verlangt ist der Mut, immer wieder von vorne beginnen zu können, also auf Zeit zu setzen, entziffern zu lernen und das sehnlich Erhoffte nicht zu erzwingen. Korczak verglich die Arbeit eines Erziehers einmal mit der eines Sprachforschers, der eine ihm unbekannte Sprache aus fragmentarisch vorhandenen Zeichen rekonstruiert und verstehen lernt: ... *Kinder sind wie neue Bücher, die in einer kaum bekannten Sprache geschrieben worden sind, denen einige Blätter fehlen, ein Rätsel ...*[4]

Immanuel Kant sagte einmal, ein Kind durchlebe die Geschichte der Menschheit in ihren wesentlichen Stationen noch einmal.[5] Dass der Baum im Garten weint, ist für einen Vierjährigen ganz selbstverständlich. Dass Gott schweigt, ist für ihn völlig unvorstellbar. Dass ein Mensch nicht geschlagen werden soll, versteht ein Sechsjähriger eher selten.

Es vergingen Jahrtausende, bis die Menschen begriffen, dass der Baum nicht weint. Die Vorstellung von einem schweigenden Gott dämmert in der Frühphase des Monotheismus bereits herauf, kommt aber erst in der modernen Zeit in ihrem bedrückenden Ausmaß zum Durchbruch. Dass ein Mensch nicht geschlagen werden soll, war in der Spätantike für eine verschwindend kleine Minderheit der philosophisch gebildeten Intelligenz eine Selbstverständlichkeit. Jahrtausende ziehen an uns vorbei, wenn ein Kind groß wird.

Langer Atem: Das ist das Wissen um die eigentlichen Lernprozesse, die Kinder durchmachen, jenseits des Schulstoffs und der Harmlosigkeiten der Pisa-Studie. Aber man hüte sich vor Überheblichkeit gegenüber den Schulmeistern. Was sie an Geduld, an Zähigkeit und an langem Atem aufbringen müssen, um – zum Beispiel – das Einmaleins zu lehren, gleicht manchmal dem Einsatz von Hochleistungssportlern.

Heimat

Was der Arbeitsmarkt den Menschen heute abverlangt, ist Mobilität, die Bereitschaft, den Ort zu wechseln, wann immer es die ökonomische Vernunft gebietet. Auch das bekommt Kindern nicht gut. Sie sind mit dem Ort verwurzelt, an dem sie aufwachsen. Das moderne Nomadentum der erwachsenen Welt ist ihnen zutiefst fremd.

Die Zwänge des Marktes nötigen zum Umdenken. Heimat ist immer weniger eine Frage des lokal gebundenen Zugehörigkeitsgefühls. Möglicherweise müssen wir sie selbst bauen und erarbeiten: durch kluge Lebensführung, durch ein genaues Achthaben auf das Familienleben, durch Nachbarschaftspflege und durch die hohe Schule der Freundschaft.

Heimat ist dort, wo Mobbing nicht stattfindet. Ein Ort, an den man gerne zurückkommt und an dem die harten Regeln der Arbeitswelt (Du darfst nie und nimmer Schwäche zeigen!) keine Geltung haben; ein Platz, wo Häme, Gleichgültigkeit und der Irrsinn des Geredes aufhören; ein Raum für Kinder, in dem sie sich bewegen und reicher werden könnten, das wäre Heimat.

Das Haus, das zu bauen wäre, stellt kein architektonisches Problem dar. Die Architektur aber liefert wichtige Hinweise für die eigentliche Aufgabe: feste Mauern, ein sicherer Grund, ein solides Dach, das heißt Schutz, Geborgenheit und – jetzt gebrauche ich ein Wort, das heutzutage als spießig, als bürgerlich-borniert empfunden wird – Gemütlichkeit. Heimat strahlt Gemütlichkeit aus: eine ruhige Gangart des Lebens, ein langsames Vor- und Zurückschauen, die Kultivierung einfacher Wünsche und Interessen, einen Raum der Gelassenheit und Ruhe.

Heimat ist zwar überall möglich. Aber die Kinder schlagen ihre Wurzeln da, wo sie groß werden und wo *ihre Wiege stand*. Zumindest gilt das für ein bestimmtes Lebensalter. Die Besonnenen unter den Mobilen wissen, was auf dem Spiele steht und unterwerfen sich nicht umstandslos den Anforderungen des Marktes.

Kreuzstab

Wenn zweier Menschen Wege sich kreuzen, ersteht notwendig ein Kreuz, lautet ein Aphorismus von Hans Kudszus.[6]

Dieser kleine kluge Satz skizziert scharf und klar, was zwischenmenschliche Beziehung ist: Es ist eher mit dem Kreuz zu rechnen als mit Harmonie und wechselseitigem Einverständnis. Das Verhältnis zu den Kindern ist davon nicht ausgenommen, auch wenn ein großer Teil der Erziehungstheorie sich in Schönfärberei und Harmoniebeschwörungen ergeht und einfach vergessen hat, dass der Mensch nicht nur ein gefährdetes, sondern auch ein Gefahr bringendes Wesen ist.

Ein anderer Aphorismus von Jerzy Lec heißt: *Der Mensch ist die Dornenkrone der Schöpfung.*[7]

Es ist an der Zeit, sich diese realistische (und zugleich empathische) Einschätzung des Menschen zu Eigen zu machen und sich von den Wunschbildern der modernen Pädagogik gründlich zu verabschieden. Wenn das gelingt, besteht die Aussicht, ein gutes Leben mit Kindern nicht mit grundsätzlicher Harmonie zu verwechseln.

Politik

Mit der Zuverlässigkeit eines Rituals spielt sich seit Jahren im Lande die gleiche Szene ab, die in drei Etappen verläuft.

Die erste Etappe: Etwas Entsetzliches (ein Mord, ein Massaker, eine sadistische Quälerei) passiert. Es hat mit Kindern oder Jugendlichen zu tun, deshalb in einem weitläufigen Sinne mit Erziehung.

Die zweite Etappe: Die Experten sitzen zusammen mit den Vertretern der politischen Kaste und grübeln vor laufender Kamera darüber nach, warum das Entsetzliche geschehen konnte. Zwangsläufig kommt man dann auf die großen Ursachen der allgemeinen Krisensituation zu sprechen und macht Schuldzuweisungen: Das Erziehungsbewusstsein der Eltern lasse zu wünschen übrig; der Staat habe versagt; die Lehrer seien nicht mehr die, die sie einmal waren oder gewesen sein sollen.

Die dritte Etappe: Nachdem die Dinge ausgesprochen und die entsprechenden Schuldzuweisungen gemacht wurden, verläuft die Debatte im Sande – bis zur nächsten Katastrophe.

Ob Politiker an der allgemeinen Erziehungs- und Bildungssituation irgendetwas ändern können, ist fraglich. Zur Zeit nimmt man den Mund sehr voll und will Änderungen im großen Stil vornehmen. Sogar von einem *Bündnis für Erziehung* ist die Rede, als sei Erziehung ein strategisches Großunternehmen. Ohne viel Federlesen spricht man ungeschminkt vom *Rohstoff Bildung*.[8]

Bildungspolitik, sagt ein führender Politiker, müsse *den ersten Stellenwert* in der Regierungspolitik bekommen, und er fügt hinzu: *Die Schule mit angeschlossener Suppenküche und Wärmestube reicht nicht. Es muss ein qualitativer, wertvoller Erziehungsbeitrag am Nachmittag stattfinden.*[9] Wie diese Forderung umgesetzt werden kann, behält der Politiker für sich. Möglicherweise hat er noch keinen Nachmittag mit einer Kindergruppe verbracht. Müsste er Rede und Antwort stehen und erklären, was ein *qualitativer, wertvoller Erziehungsbeitrag* eigentlich ist, hätte er wahrscheinlich keinerlei Probleme. Er kann reden, sich hervorragend in Szene setzen und könnte – da bin ich sicher – eine ganze Stunde lang zum Thema etwas sagen, ohne auch nur einmal ins Stocken zu geraten. Aber genau das ist das Problem der öffentlichen Debatten: Es sind Selbstinszenierungen der politischen Kaste, die mit den wirklichen Verhältnissen nichts oder herzlich wenig zu tun haben. Dächte der Politiker auch nur einen Augenblick darüber nach, welche Kraft notwendig ist, sich einen Nachmittag lang vernünftig mit einer Kindergruppe auseinanderzusetzen, wäre er vielleicht vorsichtiger mit seinen Forderungen.

Wer sich von der Politik Änderungen und Verbesserungen in der allgemeinen Erziehungssituation verspricht, muss viel Geduld haben und sich angewöhnen, in langen Zeiträumen zu denken. Kurzfristig wird sich nichts ändern, zumal die Kassen bekanntlich leer sind.

Wenn aber vom *Rohstoff Bildung* geredet wird und die politische Kaste in diesem Zusammenhang nur die optimale Nutzung der Ressourcen im Blick hat, ist gegenüber jedem Versuch der Politik Widerstand angezeigt, sich in die Erziehung einzuklinken.

Flurschäden

Programmierter Unterricht, personenzentrierte Gesprächsführungsstrategie, gruppendynamische Interaktion, Applikation spieltheoretischer Kalküle, qualifikationserzeugende Lernprozesse, funktionsdifferenzierte Leistungsschule, Rationalisierungsstrategien, praktischer Vollzug didaktischer Innovationen, Mediatisierung gesellschaftlicher Interessen, kapitaladäquate Rationalisierungsstrategien, sozialintegratives Kompetenztraining, Output von Bildung, Strategien der Bildungsproduktion, Messtheorie der Rendite von Bildungsinvestitionen, ...

Wann wird man nur noch den Kopf schütteln über dieses unsägliche Vokabular, mit dem die schwerste und schönste Aufgabe, die wir haben, beschrieben wird?

Belastbarkeit

Goethe stellte seiner Autobiographie einen Satz des attischen Komödiendichters Menander als Motto voran und zitierte, was bei ihm selten geschah, diesen Satz auf Altgriechisch. Übertragen lautet er: *Wer nicht geschunden wird, wird nicht erzogen.*

Dieser Satz erschreckt heute mehr, als dass er zur Einsicht verhilft, und möglicherweise hatte Goethe eine Ahnung davon, wie die Nachgeborenen auf dieses Motto reagieren würden. Darum vielleicht die altgriechische Zitierweise.

Hinter diesem Satz steht die Vorstellung, Erziehung sei die harte Schule der Entbehrung, des Verzichts und der schweren Prüfungen. Nur auf diesem Wege könne der Mensch eine Ahnung von sich selbst bekommen, sich in seiner Unmittelbarkeit und seinem zufälligen So- und Nicht-Anders-Sein überwinden und die Armseligkeit der bloßen Existenz abstreifen.

Das Erziehungsklima hat sich völlig gewandelt. Friedrich Nietzsche sah es in seiner negativen Utopie vom *letzten Menschen* heraufkommen: *Sie haben die Gegenden verlassen, wo es hart war zu leben*, sagt Zarathustra,[10] und er kann den Menschen gar nicht mehr verständlich machen, dass das Verlassen dieser Gegenden ein Verlust ist.

Wenn die Kritiker heute sagen, die Kinder seien nicht mehr belastbar, brächen bei der geringsten Anforderung zusammen und verweigerten sich, sobald ein Anspruch an sie gestellt wird, so vergessen sie, dass dieses Verhalten mit dem Gesamtklima aufs Engste zusammenhängt. In der *entgeisterten Vitalität* des Medienzeitalters[11] ist es schwer geworden, überhaupt etwas zu finden, an dem man sich abarbeiten könnte.

Lasten tragen zu können, sich aus der kleinkindlichen, selbstbefangenen und horizontlosen Ich-Verfassung herauszuarbeiten, das war mit dem Begriff Erziehung gemeint. Wer davon noch eine Ahnung hat, siedelt sich nicht in konsumorientierter Mittelmäßigkeit an, sondern zeigt Kindern Wege in ein anderes Leben, das sich nicht darin erschöpft, möglichst viel Spaß zu haben. Es hat den Anschein, als komme mitten im dionysischen Rummel unserer Tage eine alte Einsicht wieder zu Ehren, dass nur der Kinder ernst nimmt, der von ihnen etwas fordert. Aber auch hier gilt: Wer so denkt, handelt sich Konflikte ein und muss selbst über ein hohes Maß an Belastbarkeit verfügen.

Autorität

Was es heute nicht mehr gibt oder nur noch in kümmerlichen Formen, ist Autorität, die mit einem Amt oder einer Aufgabe verbunden ist. Kein Richter hat Autorität, weil er Richter ist; kein Arzt hat Autorität, weil er Arzt ist; kein Lehrer hat Autorität, weil er Lehrer ist. Das Gleiche gilt für Väter und Mütter. Auch die Autorität der Eltern ist nicht durch ihre Aufgabe als Eltern mitgegeben.

Das macht die Situation äußerst verwickelt und die Menschen unsicher. Man denke nur an die harten Auseinandersetzungen, die Lehrer heute durchzustehen haben, um eine einzige Unterrichtsstunde durchführen zu können.

Andererseits sind die Verhältnisse ehrlicher geworden: Niemand kann sich mehr hinter seiner Rolle verschanzen und Autorität einklagen. Wer das tut, wirkt nur noch lächerlich.

Kein Satz, kein Wort, keine Augenbewegung kann ein Kind erreichen, ohne dass es eine Autorität erfährt. Was aber ist Autorität? Worin zeigt sie sich?

Autorität wird mühsam in den zähen und mitunter Nerven aufreibenden Auseinandersetzungen des Tages erworben. Sie steht jederzeit in Frage.

Wer Autorität hat, hat gelernt, im rechten Augenblick einzugreifen und *Halt* zu sagen. Er spürt das Heraufziehen von Konflikten sehr genau, und sein *Halt* verhindert oft ihren Ausbruch. Es ist für ihn eine Frage der Klugheit, das Konfliktniveau so niedrig wie nur möglich zu halten.

Ein Freund ist ein erfahrener Skipper, der viele Sturmfahrten hinter sich hat. Wenn die Fahrt ruhig ist, spricht er sehr wenig. Er hockt nur da auf seinem Platz, schaut hin und wieder aufs Meer hinaus, betrachtet ab und zu den Himmel, wirft einen Blick auf die Uhr und auf die Segel und ist ansonsten in sein Buch vertieft. Aber alle Mitreisenden fühlen sich sicher, obwohl er nichts tut und nur da ist.

Autorität: ein waches Dabeisein, Ausstrahlung von Sicherheit, keine Führung durch Kommandos, sondern eher durch Schweigen. Aber wenn der Sturm losbricht und das Schiff in Bedrängnis kommt, weiß der Skipper, was zu tun ist. Er würde sofort mit Energie handeln und im entscheidenden Augenblick die richtigen Anweisungen geben.

Sein

In dem Roman *Nachsommer* von Adalbert Stifter wird ein junger Mann von einer Familie ins Haus gebeten, um eine Stelle als Erzieher zu übernehmen. Die Frau des Hauses führt mit dem Bewerber vor seiner Einstellung ein Gespräch und stellt zunächst das Kind vor, um das es geht.

«Das ist das Kind, umdessentwillen ich Euch so sehr in unser Haus gewünscht habe», sagte sie. «Ihr sollt dasselbe weniger unterrichten, dazu sind Lehrer da, welche das Haus besuchen, sondern wir bitten Euch, daß ihr bei uns lebet, daß Ihr dem Knaben öfter

Eure Gesellschaft gönnt, daß er außer dem Umgang mit seinem Va-
ter auch den eines jungen Mannes hat, was auf ihn Einfluß nehmen
möge.[12]

Im Anschluss an diesen Wunsch entwickelt die Frau des Hauses ihre Idee von Erziehung:

Erziehung ist wohl nichts als Umgang ... Der Unterricht ist viel
leichter als die Erziehung. Zu ihm darf man nur etwas wissen, und
es mitteilen können, zur Erziehung muß man etwas sein. Wenn aber
einmal jemand etwas ist, dann, glaube ich, erzieht er auch leicht.[13]

Konsequent

Zu den drei, vier Sätzen, die unweigerlich fallen, wenn der
Stammtisch zusammensitzt und man über Erziehung redet, gehört der Standardsatz: *Du musst konsequent sein.* Das sei der Kern
der Erziehung.

Es liegt etwas Bedrohliches in dieser Aufforderung. Der Satz
klingt nach innerer Aufrüstung, und viele Fragen drängen sich
auf. Wie unterscheidet sich eine Haltung der Konsequenz von
Starrsinn und von Rechthaberei? Ist es wirklich gut, in allen
Situationen konsequent zu sein?

Eine Warnung vor den Konsequenten hat Friedrich Nietzsche
einmal beiläufig formuliert. *Die Wahrheit*, schreibt er, *hat sich*
noch nie an den Arm eines Konsequenten gehängt.[14]

Konsequent sein heißt zunächst nichts anderes als ernsthaft
sein: Ich meine das, was ich sage. Hier beginnen die Halbheiten
und Unaufrichtigkeiten. Wer glaubt, etwas verbieten zu müssen,
muss das Verbot aufrechterhalten. Tut er das nicht, weil er Widerstand erfährt, ist er in der Tat inkonsequent, das heißt im Grunde
nicht ernst zu nehmen. Diesen Punkt, an dem ein Verbot kippt,
weil der Verbietende nicht daran festhalten kann, kennen die
meisten Kinder sehr genau. Und hier beginnen die überwiegend
fruchtlosen Machtkämpfe:

Mutter: *(in normaler Tonlage) Marcel, komm jetzt!*
Marcel: *(hört nicht hin und betrachtet in aller Ruhe die Auslagen*
vor der Kasse des Einkaufszentrums)

Mutter: *(schärfer im Ton) Marcel, komm endlich!*
Marcel: *(fingert im Korb mit Süßigkeiten vor der Kasse herum)*
Mutter: *(noch schärfer im Ton) Marcel, es reicht jetzt! Komm!*
Marcel: *(ist völlig in sich versunken)*
Mutter: *(kurz vor dem Schreien) Du sollst jetzt kommen!*
Marcel: *(keine Reaktion)*
Mutter: *(entnervt) Komm jetzt oder ich gehe!*
Marcel hört nicht, Mutter geht nicht, und der Disput, der eigentlich gar keiner war, könnte wieder von vorne beginnen.

Wenn ein Kind solche Szenen (ich gebe zu, meine erfundene Szene ist überzeichnet) zwei-, dreimal am Tag erlebt, findet auf Dauer das statt, was der Philosoph Georg Wilhelm Friedrich Hegel *die Einhausung der Subjektivität in sich* genannt hat. Der Psychiater Reinhart Lempp spricht in diesem Zusammenhang von *autistischen Verhaltensstrukturen,* die in der Erziehung erworben werden.[15]

Wer glaubt, etwas verbieten zu müssen, muss wissen, wie er sein Verbot durchhält. Weiß er das nicht, sollte er das Verbot besser nicht aussprechen. Kinder merken sich, wen sie ernst zu nehmen haben und wen nicht.

Heißt das also, in jedem Falle und unter allen Umständen konsequent zu sein? Ich kann darauf nur antworten: Nein. Es ist wunderbar, nachgiebig sein zu dürfen und sich die Nachgiebigkeit abringen zu lassen. Starrsinn, Rechthaberei und die Tyrannei der Ansprüche, Forderungen und Verbote haben mit einer besonnenen Konsequenz nichts zu tun.

Zeit

Niemand kann Vertrauen herstellen, es entwickelt sich. Niemand kann Interessen schaffen, sie bilden sich. Niemand kann freundschaftliche Verhältnisse kreieren; sie entstehen – langsam, im Laufe der Zeit.

Kann man also die Hände in den Schoß legen und darauf setzen: *Es wird schon werden?*

Ganz und gar nicht. Damit das Wichtigste sich bilden kann,

muss es auf fruchtbaren Boden fallen. Vertrauen, Interessen, freundschaftliche Verhältnisse reifen heran in den zahllosen und meist unscheinbaren Handlungen des Tages. Sie bilden den Boden für die entscheidenden Erfahrungen, und diesen Boden zu pflegen ist sorgfältige Arbeit.

Grenzen

Kinder brauchen Grenzen! So tönt es zur Zeit wieder in der pädagogischen Provinz, als sei dies eine große Entdeckung. Vermutlich hat man sich gerade den Schlaf der antiautoritären Bewegung aus den Augen gewischt und bemerkt, dass die Freiheit nur über den Wolken grenzenlos ist.

Natürlich brauchen Kinder Grenzen, so wie jeder Mensch sie braucht, um sich nicht im Grenzenlosen zu verlieren. *Selbstbeschränkung* nannte man das zu Goethes Zeiten. Gemeint war damit ein langer Lernprozess, an dessen Ende – wenn er glücklich verlief – eine verpflichtende Wahl stand: die Wahl eines Berufes, eines Ortes und eines Lebensgefährten.

Kinder sind mit der Übernahme einer Selbstbeschränkung völlig überfordert. Sie können Eissorten auswählen und sich als findige Kenner von Computerspielen erweisen und dementsprechend ihre Wahl treffen. Aber sich selbst Grenzen zu setzen, übersteigt in der Regel ihre Möglichkeiten. Diese vorzugeben, bleibt die Aufgabe der Erwachsenen. Das ist das Schwierigste unter den heutigen Lebensbedingungen, da Grenzen nicht mehr durch bestehende Sitten und Gebräuche vorgegeben werden. Wir müssen sie neu entdecken und erschaffen.

Die Erfahrung der Grenzen ist widersprüchlich. Grenzen beschränken und geben frei. Sie beschneiden die Fülle der Möglichkeiten, aber gewährleisten Produktivität. Sie nehmen Entscheidungen ab und gewähren einen Freiraum, der übersichtlich ist.

Grenzen schaffen Sicherheit und Verlässlichkeit. Sie beleben die Phantasie und vermehren den Erfahrungsreichtum. Durch Grenzen bilden sich Vertrauen und Verbindlichkeit.

Es ist zwar äußerst schwierig, Grenzen zu schaffen, eröffnet aber ungeahnte Chancen für ein gutes Zusammenleben mit Kindern. Wer Grenzen schafft, hat zu ihnen ein undogmatisches Verhältnis. Um Kindern gerecht zu werden, ist das geradezu eine Notwendigkeit. Die Grenzen für ein kleines Kind müssen anders sein als diejenigen für ein Kind von zehn Jahren. Grenzen zu setzen und zum rechten Zeitpunkt aufzulösen, zu erweitern, zu ersetzen – hier liegen die Probleme, die einem niemand abnehmen kann und die das Gerede von einer «neuen Orientierung» so harmlos erscheinen lassen.

Sprache

Es ist schon verwunderlich, mit welcher Selbstverständlichkeit die sprachliche Verwilderung hingenommen wird. In ihr finden Unordnung und Regellosigkeit der inneren Verhältnisse ihren adäquaten Ausdruck. Sie signalisiert letztlich eine abgründige Respektlosigkeit des Menschen vor dem Menschen.

Wenn ein Kind seine Mutter beschimpft, hat es längst die Herrschaft über die Beziehungen übernommen, eine Herrschaft, aus der nichts Gutes hervorgehen kann.

Moralische Erziehung ist in einem ganz entscheidenden Sinne Spracherziehung. Wer bei der ersten Entgleisung kein klares Signal setzt, muss damit rechnen, bei der zweiten Entgleisung schon auf verlorenem Posten zu stehen. Die Verwilderung der Sprache nimmt dann ihren Lauf. Parallel dazu bilden sich Wertungen, die mit der Sprache aufs Engste verknüpft sind.

Die Fäkalsprache etwa ist eine diffuse Ansammlung von Abwertungen, in der sich schon kleine Kinder einrichten können, wenn sie keinen Einspruch erfahren.

Gerechtigkeit

Es gibt bei uns Eltern eine Rangordnung in der Wahrnehmung. An erster Stelle stehen unsere Kinder. Ihnen gehört unsere ganze Zuneigung. Ihnen gilt unsere ganze Sorge.

Dann kommt lange Zeit nichts.

Auf der zweiten Stufe stehen die Kinder der Nachbarschaft und der Verwandten. Mit den Namen hat der eine oder andere da schon seine Probleme. Aber immerhin: Wir nehmen sie wahr, die Cousins, Cousinen und Spielkameraden unserer Kinder.

Auf die dritte Stufe treten mit der Zeit die Freunde und Freundinnen unserer Kinder. Der Kreis der ernsthaft Wahrgenommenen wächst. Aber es bleibt dabei: An erster Stelle stehen unsere Kinder.

Die Beschränkung des Blicks liegt offensichtlich in der Natur der Familie: Wir können zunächst gar nicht anders, als die Unseren an die erste Stelle zu setzen. *Das Blut*, spottet der Teufel in Goethes *Faust, ist ein besonderer Saft.*

In dieser Beschränkung liegt eine ungewollte Ungerechtigkeit. Friedrich Nietzsche hat in seiner Kritik der Nächstenliebe darauf aufmerksam gemacht: *Die Fernsten sind es, welche eure Liebe zum Nächsten bezahlen.*[16]

Die Auflösung dieser Beschränkung ist schwer. Die eigenen Kinder verstehen es nicht, wenn sie auf der ersten Stufe in der Rangordnung unserer Wahrnehmung Gesellschaft von anderen erhalten. Andere Kinder wiederum spüren genau, dass sie auf dieser Stufe nicht stehen, und es gibt zahllose Gelegenheiten, in denen sie uns genau das kritisch zu verstehen geben, auch wenn sie kein Wort darüber verlieren.

Ich weiß nicht, ob man aus diesem Zwiespalt herauskommen kann. Ihn wahrzunehmen und zu bedenken bedeutet aber, dass der Familienegoismus doch ein wenig gemildert wird, was schon sehr hilfreich ist, um über die Enge des eigenen Lebenskreises hinaus ernsthaft denken und mitempfinden zu können.

Elternschaft

(für Susanne)

Wir sind durch Not und Freude
gegangen Hand in Hand,
vom Wandern ruhen wir beide
nun überm stillen Land.

Rings sich die Täler neigen,
es dunkelt schon die Luft,
zwei Lerchen nur noch steigen
nachträumend in den Duft.

Tritt her, und laß sie schwirren,
bald ist es Schlafenszeit,
daß wir uns nicht verirren
in dieser Einsamkeit …

Joseph von Eichendorff
Im Abendrot

Anhang

Anmerkungen

Ein Wort vorweg

1 Immanuel Kant: *Ausgewählte kleine Schriften*, S. 10.
2 Immanuel Kant: *Werke*, Bd. XI, S. 53.
3 Ludwig Feuerbach: *Sämtliche Werke*, Bd. XII, S. 238 f.
4 Ludwig Wittgenstein: *Tractatus logico-philosophicus*, S. 114. Ich komme in Kapitel VI auf diese Stelle zurück.

Tod und Geburt

1 Psalm 49, 11–12.
2 Psalm 37, 2.
3 Jesus Sirach: 10, 11.
4 Ich verweise auf den großen Roman *Totenklage* von Werner Helwig, in dem genau diese Schock-Erfahrung des endgültigen Getrenntwerdens im Mittelpunkt steht.
5 Augustinus: *Confessiones*. Zitiert nach Paul Ludwig Landsberg: *Die Erfahrung des Todes*, S. 84.
6 Deutsches Antiphonale, S. 254.
7 Auch hier verweise ich auf ein Stück zeitgenössischer Literatur, auf Peter Handkes *Kindergeschichte*, in der in einer sachlich-nüchternen, fast spröden Prosa das große Ereignis beginnender Elternschaft dargestellt wird. Ich kenne kein schöneres und erkenntnisreicheres Buch für junge Eltern.
8 Clemens Holinda: *Aus dem Tagebuch eines Vaters*, S. 17.
9 Friedrich Schiller: *Das Ideal und das Leben*. In: *Werke*, Bd. III, S. 100.

Der Säugling

1 Janusz Korczak: *Wie man ein Kind lieben soll*, S. 14.
2 Dale Carnegie hat seinem Weltbestseller genau den gegenteiligen Titel gegeben: *Sorge dich nicht, lebe!*

3 Clemens Holinda: *Aus dem Tagebuch eines Vaters*, S. 23.

4 In: *Der Spiegel*, Ausgabe vom 26. 5. 2003.

5 In: Alexander S. Neill: *Theorie und Praxis der antiautoritären Erziehung*, S. 18.

6 Peter Handke: *Kindergeschichte*, S. 50.

7 *Werke*, Band II, S. 273.

8 Hesiod: *Erga*, Verse 110–127. In: *Sämtliche Gedichte*. Die folgenden Stellen beziehen sich auf diese Verse.

Zweite Abnabelung

1 Ich paraphrasiere Blaise Pascals Schlüsselerfahrung vom Schweigen der Welt: *Das ewige Schweigen dieser unendlichen Räume erschreckt mich*, schreibt Pascal. (*Gedanken*, S. 150, Zif. 314)

2 Von den psychologisch orientierten Autoren ist es vor allem Alice Miller gewesen, die auf das Faktum der Verlassenheit und Einsamkeit des kleinen Kindes hingewiesen hat. Sie schreibt: *Manchmal muß ich mich fragen, ob es uns überhaupt je möglich sein wird, das Ausmaß der Einsamkeit und Verlassenheit zu erfassen, dem wir als Kinder und folglich auch, intrapsychisch, als Erwachsene ausgesetzt waren und sind.* (*Das Drama des begabten Kindes*, S. 19)

3 Petra Kappe: *In der Schule sitzen immer mehr 2-Jährige*. In: *Westfälische Rundschau* vom 21.11.2002.

4 Horst Hensel: *Die neuen Kinder und die Erosion der alten Schule*, S. 22.

5 Michel de Montaigne: *Essais*. Bd. I, S. 231.

6 Zur Analyse der gegenwärtigen Situation gehören vor allem die beiden Bücher von Petra Gerster und Christian Nürnberger: *Erziehungsnotstand*. Berlin 2001; *Stark für das Leben*. Berlin 2003. Aufschlussreich in diesem Zusammenhang ist der Umstand, dass das Buch *Der kleine Tyrann* von Jirina Prekop einer der pädagogischen Bestseller der achtziger und neunziger Jahre war.

7 Immanuel Kant: *Über Pädagogik*. In: *Werke*, Bd. XII, S. 698.

8 a. a. O., S. 718.

9 a. a. O.

10 Clemens Holinda: *Aus dem Tagebuch eines Vaters*, S. 27 f.

Zeitnot und Muße

1 Johann Wolfgang von Goethe: *Werke*, Bd. XXV, S. 5.

2 a. a. O., S. 11.

3 Ich verdanke den Hinweis auf diese Passagen des Reisetagebuchs Marianne Gronemeyer: *Das Leben als letzte Gelegenheit. Sicherheitsbedürfnis und Zeitknappheit*, S. 111. (*Werke*, Bd. XXV, S. 83 und 97)

4 Gerd Achenbach: *Das kleine Buch der inneren Ruhe*, S. 56.

5 Michael Ende: *Momo*, S. 70.

6 Auf diesen Widerspruch in der modernen Welt, der das Ausmaß eines globalen Skandals hat, kann ich hier nicht näher eingehen. Verweisen möchte ich

auf das große und bewegende Buch des englischen Philosophen Ted Honderich: *Nach dem Terror*. Neu-Isenburg 2003.

7 *Das Ende der Moderne*, S. 180.

8 Michael Ende: *Momo*, S. 70.

9 a. a. O.

10 Georg Büchner: *Woyzeck*, 23. Szene.

11 Astrid von Friesen: *Geld spielt keine Rolle. Erziehung im Konsumrausch*, S. 28.

12 a. a. O., S. 15.

13 Rolf Zuckowski: *Rolfs Kinderliederbuch*, Bd II, S. 60 f.

14 Ich zitiere den Psalm (90,12) in der Übersetzung von Hans Jonas: *Prinzip Verantwortung*, S. 48.

15 Ich greife eine Formulierung Schillers auf. In den Briefen *Über die ästhetische Erziehung des Menschen* schreibt er: *Der Nutzen ist das große Idol der Zeit, dem alle Kräfte fronen und alle Talente huldigen sollen.* (Werke, IV, S. 195) Dies ist ein Schlüsselsatz für Schillers gesamtes Werk, und in ihm kommt eine Beunruhigung zum Ausdruck, die sich im Zeitalter der globalen Technik und Wirtschaft potenziert hat: *Was ist das für eine Welt, in der alles Mittel zum Zweck geworden zu sein scheint?*

16 Dazu vor allem das Buch von Ekkehard Martens: *Vom Staunen oder Die Rückkehr der Neugier*, S. 99 f.

17 Theodor W. Adorno hat in der *Negativen Dialektik*, einem der großen Werke der Philosophie des 20. Jahrhunderts, diese Haltung mit einem hauchdünnen Strich als fällige philosophische Haltung skizziert (S. 43).

Erziehung

1 *Werke*, Bd. XII, S. 704.

2 Kant: *Werke*, Bd. XII, S. 700. Ich bin mir nicht sicher, ob die ironischen Untertöne, die ich aus dieser Textstelle herauszuhören glaube, von Kant intendiert waren. Möglicherweise macht der alte Philosoph sich auch ein bisschen lustig über die Aufbruchstimmung in der Pädagogik seiner Zeit.

3 So der Titel des berühmten Buches von Ellen Key zu Beginn der reformpädagogischen Ära.

4 Jesus Sirach: 30, 1.

5 Hans Pestalozzi: *Die neue Schulpraxis*, S. 57.

6 Jesus Sirach: 30, 2.

7 Jesus Sirach: 30, 9.

8 Ekkehard von Braunmühl: *Antipädagogik. Studien zur Abschaffung der Erziehung*, S. 126.

9 Martin Luther: *Deutscher Katechismus* (1529). Werke, Bd. IV, S. 22.

10 Holger Witzel: *Abenteuer Erziehung*. In: *Der Stern* (28.8.2003), S. 37.

11 *Werke*, Bd. XII, S. 738.

12 a. a. O., S. 741.

13 a. a. O., S. 709.

14 a. a. O., S. 700.

15 Zum Fragenkomplex empfehle ich das Buch von Jürgen Oelkers: *Pädagogische Ethik. Eine Einführung in Probleme, Paradoxien und Perspektiven.*

16 Ich erinnere nur an Hitlers Formel für die Jugend, von der er verlangte, sie sollte schnell sein wie die Windhunde, zäh wie Leder und hart wie Kruppstahl.

17 Dieser Gedanke durchzieht Korczaks gesamtes Werk, wird aber am besten in dem Text *Wenn ich wieder klein bin* deutlich.

18 *Theorie und Praxis der antiautoritären Erziehung*, S. 137.

19 a. a. O., S. 115.

20 Hubertus von Schoenebeck: *Antipädagogik im Dialog*, S. 174.

21 Ekkehard von Braunmühl: *Zeit für Kinder*, S. 145.

22 Pink Floyd: *www. lyrics. de*

23 Herbert Grönemeyer: *www. lyrics. de*

24 Ekkehard von Braunmühl: *Antipädagogik*, S. 171.

25 Weiter dazu: Dieter-Jürgen Löwisch: *Einführung in die Erziehungsphilosophie.*

26 Vgl. Anmerkung 20.

27 Zit. nach Astrid von Friesen: *Geld spielt keine Rolle*, S. 47.

28 Petra Gerster/Christian Nürnberger: *Erziehungsnotstand*, S. 52.

29 Botho Strauss: *Anschwellender Bocksgesang*. In: *Der Spiegel*, Heft 6, 1993, S. 125.

30 a. a. O.

31 Dazu Wolfgang Pelzer: *Zweifel*, S. 315–319. Zur weiteren Lektüre weise ich hin auf Siegfried Uhl: *Die Pädagogik der Grünen. Vom Menschenbild zur Familienpolitik.*

32 Immanuel Kant: *Werke*, Bd. XII, S. 739.

33 Michel de Montaigne: *Essais*, Bd. I, 256. Zu den hier gestellten Fragen empfehle ich zur weiteren Lektüre die Arbeiten von Wolfgang Brezinka. Vor allem: *Erziehung in einer wertunsicheren Gesellschaft* und *Tüchtigkeit als Persönlichkeitsideal und Erziehungsziel.*

34 Immanuel Kant: *Werke*, Bd. XII, S. 704.

35 Dazu: Gerd B. Achenbach: *Lebenskönnerschaft*, S. 71 f.

36 Friedrich Nietzsche: *Werke*, Bd. II, S. 610 f.

37 Peter Sloterdijk hat dem Ausdruck *zur Welt kommen* zwei Bedeutungen abgewonnen. Er meint einmal den Akt der Geburt, zum anderen die Anstrengung, in der Welt heimisch zu werden. Dazu: *Zur Welt kommen. Zur Sprache kommen.*

38 Janusz Korczak: *Das Recht des Kindes auf Achtung*, 1979.

39 Peter Handke: *Kindergeschichte*, S. 10.

40 Sophokles: *Antigone*, Vers 332 f.

41 Alexander S. Neill: *Theorie und Praxis der antiautoritären Erziehung*, S. 137.

42 Viele Lehrer klagen heute über den misslichen Umstand, dass die Kinder unerzogen in die Schule kommen und Eltern von den Lehrern erwarten, Erziehungsarbeit für sie zu leisten.

43 *Das Drama des begabten Kindes und die Suche nach dem wahren Selbst*, S. 32 f.

44 Dazu Kapitel III.

45 Was heute in der hart geführten Diskussion über das so genannte Aufmerksamkeitsdefizit-Syndrom gesagt wird, hängt möglicherweise mit diesem zen-

tralen Problem der Erziehung zusammen. Nur wer von sich Abstand nehmen kann, ist in der Lage, Aufmerksamkeit aufzubringen.

46 *Essais*, Bd. I, S. 251.

47 *Interviews mit Thomas Mann*, S. 94 f. Bemerkenswert ist dieses Interview schon wegen des Umstands, dass Thomas Mann das Gespräch in Gegenwart seiner großen Kinder Erika und Klaus führte, die sich hin und wieder in das Gespräch einbrachten. Klaus hatte zuvor einen Essay mit dem Titel *Die neuen Eltern* veröffentlicht. Erika stand damals kurz vor dem Abitur.

48 *Exodus*, 20,12.

Bildung

1 *Westfalenpost* vom 28. 01. 2004.

2 a. a. O.

3 Die älteste Klage über die verkehrten Beziehungen der Generationen zueinander stammt wohl von Plato. Im *Staat* heißt es: *Der Lehrer fürchtet sich in solchen Verhältnissen vor seinen Schülern und schmeichelt ihnen, und die Schüler achten die Lehrer gering ... Und überhaupt geben sich die Jungen das Ansehen der Älteren und streiten mit ihnen um die Wette in Worten und Taten, aber die Alten lassen sich mit den Jungen ein und strömen über von Possen und Scherzen, um es den Jungen gleich zu tun und ja nicht übellaunig oder herrisch zu erscheinen.* (*Der Staat*, 563 a–e) Was aus diesen Verhältnissen entsteht, sagt Plato klar und deutlich: *Aber nun von alledem die Summe: siehst du nicht, wie weich es die Seele der Bürger macht, daß sie, wo auch nur der leiseste Zwang an sie herantritt, auffahren und es nicht aushalten? ... Dies ist also der so schöne und übermütige Anfang, aus dem die Tyrannis erwächst.*

4 *Genesis*, 4, 17–18.

5 Sophokles: *Antigone*, Vers 332–359.

6 Friedrich Nietzsche: *Werke*. Bd. II, S. 407.

7 Ich empfehle zur weiteren Lektüre das letzte große Buch von Hans Jonas: *Das Prinzip Verantwortung*. Der Autor beginnt sein philosophisches Vermächtnis mit einer auf die Probleme der Moderne bezogenen Deutung der Verse aus *Antigone*.

8 Das Problem der Arbeitslosigkeit vieler Jugendlicher hängt heute unter anderem damit zusammen, dass für sie Arbeit nicht vermittelbar ist, weil sie die Voraussetzungen nicht mitbringen, die erforderlich sind. Hier liegt ein tiefer Widerspruch der Gesellschaft, auf den ich bereits hingewiesen habe: Einerseits forciert sie den Konsum und die damit verbundenen Haltungen, andererseits lebt sie von der Produktion immer neuer Konsumgüter und setzt damit gleichzeitig ganz andere Haltungen voraus. Wie dieser Widerspruch lösbar ist, ist fraglich. Zur Zeit arbeitet sich die Schulpädagogik genau an diesem Widerspruch ab.

9 Dazu ausführlicher Marianne Gronemeyer: *Lernen mit beschränkter Haftung. Über das Scheitern der Schule.*

10 Janusz Korczak: *Wie man ein Kind lieben soll*, S. 40. Ich verweise in diesem Zusammenhang auf die *Theorie der Erziehung* von Friedrich Schleiermacher, eine
   Vorlesung, die er 1826 an der Universität Jena gehalten hat. Wer etwas von den
   Erziehungsproblemen der Gegenwart in Erfahrung bringen will, hat mit diesem weithin unbeachtet gebliebenen Text eine Fundgrube der Erkenntnis.
   Hier denkt ein Mensch, der sich von der Tagesaktualität nicht gefangen nehmen lässt und trotzdem die realen Probleme nie aus dem Blick verliert.
11 Albert Camus: *Der Mensch in der Revolte*, S. 246.
12 Franz Rosenzweig: *Briefe und Tagebücher*, S. 345. Ich verdanke den Hinweis auf
   diese Passagen im Werk von Franz Rosenzweig Michael Kirchner. Dazu vor
   allem *Von Angesicht zu Angesicht*, S. 20.
13 Leszek Kolakowski: *Von der Unsicherheit*, S. 497.
14 Sigmund Freud: *Das Unbehagen in der Kultur. Studienausgabe*, Bd. IX, S. 191 f.
15 Jean-Jacques Rousseau: *Emile oder Über die Erziehung*, S. 201.
16 a. a. O.
17 Arnold Gehlen: *Urmensch und Spätkultur*, S. 23.
18 Ich nenne nur einige Namen: Kant, Schiller, Humboldt, Rousseau, Hegel.
19 Botho Strauss: *Orpheus in der Tiefgarage*, S. 165.
20 Friedrich Nietzsche: *Werke*. Bd. II, S. 458.
21 Die Erziehungskritik hat in diesem Zusammenhang den Begriff von der
   schwarzen Pädagogik geprägt. Schwarz ist diese Pädagogik, weil sie von hellen,
   aufgeklärten Begriffen ausgeht und diese über die kindliche Wirklichkeit legt,
   was den Kindern in der Regel nicht gut bekommt.
22 Ludwig Wittgenstein: *Tractatus logico-philosophicus*, S. 114.
23 Matthäus: 4, 3.
24 Nietzsche nannte diese Fragen die *persönlichsten Fragen der Wahrheit* und war
   sich im Klaren darüber, dass diese Fragen *bei unserer jetzigen Art der Bildung
   nicht gelehrt und folglich nicht gefragt* werden. (*Werke*, Bd. I, S. 1144)
25 Ted Honderich: *Nach dem Terror*, S. 193. Dazu mehr im Kapitel VIII.
26 Hartmut von Hentig: *Bildung*, S. 39 f.
27 Immanuel Kant: *Werke*, Bd. XII, S. 702.
28 a. a. O.

Dankbarkeit und Schuld

1 Isaias, 22, 13. Paulus hat die Stelle in seinem Brief an die Korinther wieder aufgenommen: *Wenn Tote nicht auferweckt werden, so laßt uns essen und trinken,
  denn morgen werden wir sterben.* (Kor., 15, 22)
2 Dazu Kapitel II und III.
3 Martin Heidegger: *Sein und Zeit*, S. 191 – 196.
4 Wolfgang Pelzer: *Im Dschungel der Erziehung*. Heinsberg 1991.
5 Jean-Jacques Rousseau: *Emile oder Über die Erziehung*, S. 398.
6 *Werke*, Bd II, S. 331–333.
7 a. a. O.

8   a. a. O.
9   Jean-Jacques Rousseau: *Emile*, S. 483 – 484.
10 *Minima moralia*, S. 47.

Vom Umgang mit Kindern

1   Janusz Korczak: *Wie man ein Kind lieben soll*, S. 37.
2   Marianne Gronemeyer: *Das Leben als letzte Gelegenheit*, S. 132.
3   Goethe an F. H. Jakobi (9.9.1788) WA, Bd. IV, 9, S. 22.
4   Janusz Korczak: *Von der Grammatik*, S. 160.
5   Immanuel Kant: *Werke*, Bd. XII, S. 706 f.
6   *Jaworte – Neinworte*, S. 34.
7   *Alle unfrisierten Gedanken*, S. 45.
8   Guido Westerwelle: *Wer auf eine deutsche Schule will, muss Deutsch können*.
9   Westerwelle, a. a. O.
10 *Werke*, Bd. II, S. 284.
11 Peter Sloterdijk: *Weltfremdheit*, S. 38.
12 Adalbert Stifter: *Der Nachsommer*, S. 633.
13 a. a. O.
14 *Werke*, Bd. II, S. 695.
15 Reinhart Lempp: *Die autistische Gesellschaft*, S. 9 f.
16 *Werke*, Bd. II, S. 325.

Literaturverzeichnis

Textsammlungen:

Das Alte Testament. Hrsg. von Vinzenz Hamp und Meinrad Stenzel. Würzburg 1962.

Deutsches Antiphonale. Hrsg. von Gedehard Joppich und Rhabanus Erbacher. Münsterschwarzach 1975.

Die Heilige Schrift. Hrsg. von Vinzenz Hamp, Meinrad Stenzel und Josef Kürzinger. Aschaffenburg 1966.

Einzelne Werke:

Gerd Achenbach: *Das kleine Buch der inneren Ruhe.* Freiburg/Basel/Wien 2000.

Gerd Achenbach: *Lebenskönnerschaft.* Freiburg/Basel/Wien 2001.

Theodor W. Adorno: *Negative Dialektik.* Frankfurt 1975.

Theodor W. Adorno: *Minima Moralia. Reflexionen aus dem beschädigten Leben.* Frankfurt 1976.

Ekkehard von Braunmühl: *Antipädagogik. Studien zur Abschaffung der Erziehung.* Weinheim/Basel 1983.

Ekkehard von Braunmühl: *Zeit für Kinder.* Frankfurt 1978.

Wolfgang Brezinka: *Erziehung in einer wertunsicheren Gesellschaft.* München/Basel 1986.

Wolfgang Brezinka: *Tüchtigkeit als Persönlichkeitsideal und Erziehungsziel.* München/Basel 1987.

Martin Buber: *Die Erzählungen der Chassidim.* Zürich 1949.

Georg Büchner: *Woyzeck.* Hrsg. von Otto zur Nedden. Stuttgart 1957.

Albert Camus: *Der Mensch in der Revolte.* Übersetzt von Justus Streller. Reinbek 1976.

Dale Carnegie: *Sorge dich nicht – lebe!* Übersetzt von Magda H. Larsen. Bern/München/Wien 1949.

Joseph von Eichendorff: *Gedichte.* Berlin 1982.

Michael Ende: *Momo.* Stuttgart/Wien 1973.

Epiktet: *Handbüchlein der Ethik.* Übersetzt von Ernst Neitzke. Stuttgart 1958.

Ludwig Feuerbach: *Sämtliche Werke.* Hrsg. von Wilhelm Bolin und Friedrich Jodl. Berlin 1973.

Andreas Flitner: *Konrad, sprach die Frau Mama. Über Erziehung und Nicht-Erziehung.* Berlin 1982.

Theodor Fontane: *Meine Kinderjahre. Autobiographischer Roman.* Hrsg. von Walter Keitel. Frankfurt 1979.

Sigmund Freud: *Studienausgabe.* Hrsg. von Alexander Mitscherlich, Angela Richards und James Strachey. Frankfurt/Main 1970.

Astrid von Friesen: *Geld spielt keine Rolle. Erziehung im Konsumrausch.* Reinbek 1991.

Erich Fromm: *Vorwort.* In: Alexander Sutherland Neill: *Theorie und Praxis der antiautoritären Erziehung.* Reinbek 1968.

Arnold Gehlen: *Urmensch und Spätkultur.* Frankfurt/Main 1975.

Petra Gerster/Christian Nürnberger: *Der Erziehungsnotstand. Wie wir die Zukunft unserer Kinder retten.* Berlin 2001.

Petra Gerster/Christian Nürnberger: *Stark für das Leben. Wege aus dem Erziehungsnotstand.* Berlin 2003.

Johann Wolfgang von Goethe: *Sämtliche Werke.* Hrsg. von Peter Boerner und anderen. München 1961.

Johann Wolfgang von Goethe: *Werke.* Hrsg. im Auftrag der Großherzogin Sophie von Sachsen. Weimar 1887–1919 (=WA).

Herbert Grönemeyer: *Kinder an die Macht.* www.lyrics.de

Marianne Gronemeyer: *Das Leben als letzte Gelegenheit. Sicherheitsbedürfnis und Zeitknappheit.* Darmstadt 1993.

Marianne Gronemeyer: *Lernen mit beschränkter Haftung.* Darmstadt 1997.

Peter Handke: *Kindergeschichte.* Frankfurt/Main 1981.

Martin Heidegger: *Sein und Zeit.* Tübingen 1967.

Werner Helwig: *Totenklage.* Frankfurt/Main 1984.

Horst Hensel: *Die neuen Kinder und die Erosion der alten Schule. Ein Essay zur inneren Schulreform.* München 1995.

Hartmut von Hentig: *Bildung.* München/Wien 1996.

Hesiod: *Sämtliche Gedichte.* Übersetzt von Walter Marg. Zürich/Stuttgart 1970.

Clemens Holinda: *Aus dem Tagebuch eines Vaters.* Köln 2000 (unveröffentlichtes Manuskript).

Ted Honderich: *Nach dem Terror.* Neu-Isenburg 2003.

Hans Jonas: *Das Prinzip Verantwortung. Versuch einer Ethik für die technologische Zivilisation.* Frankfurt 1979.

Immanuel Kant: *Werke.* Hrsg. von Wilhelm Weischedel. Frankfurt/Main 1977.

Immanuel Kant: *Ausgewählte kleine Schriften.* Hrsg. von Rudolf Drieschner. Hamburg 1965.

Petra Kappe: *In der Schule sitzen immer mehr 2-Jährige.* In: *Westfälische Rundschau* vom 22.11.2002.

Ellen Key: *Das Jahrhundert des Kindes.* Berlin 1900.

Sören Kierkegaard: *Entweder – Oder.* Hrsg. von Hermann Diem und Walter Rest.

München 1975.

Michael Kirchner: *Von Angesicht zu Angesicht. Janusz Korczak und das Kind.* Heinsberg 1997.

Alexandre Kojève: *Zusammenfassender Kommentar zu den ersten Kapiteln der «Phänomenologie des Geistes».* In: *Materialien zu Hegels «Phänomenologie des Geistes».* Hrsg. von Hans Friedrich Fulda und Dieter Henrich. Frankfurt/Main 1973.

Leszek Kolakowski: *Von der Unsicherheit.* In: *Merkur.* Heft 6, Juni 1975, S. 495–502.

Janusz Korczak: *Wie man ein Kind lieben soll.* Hrsg. von Elisabeth Heimpel und Hans Roos. Göttingen 1978.

Janusz Korczak: *Wenn ich wieder klein bin und andere Geschichten von Kindern.* Göttingen 1973.

Janusz Korczak: *Das Recht des Kindes auf Achtung.* Hrsg. von Elisabeth Heimpel und Hans Roos. Göttingen 1979.

Janusz Korczak: *Von der Grammatik und andere pädagogische Texte.* Hrsg. von Friedhelm Beiner und Elisabeth Lax-Höfer. Heinsberg 1991.

Hans Kudszus: *Jaworte – Neinworte.* Frankfurt/Main 1970.

Hans Kudszus: *Das Denken bei sich. Aphorismen.* Köln 2002.

Paul Ludwig Landsberg: *Die Erfahrung des Todes.* Frankfurt/Main 1973.

Stanislaw Jerzy Lec: *Alle unfrisierten Gedanken.* Hrsg. von Karl Dedecius. München/Wien 1984.

Reinhart Lempp: *Die autistische Gesellschaft. Geht die Verantwortlichkeit für andere verloren?* München 2002.

Dieter-Jürgen Löwisch: *Einführung in die Erziehungsphilosophie.* Darmstadt 1982.

Thomas Mann: *Interviews mit Thomas Mann.* Hrsg. von Volkmar Hansen und Gert Heine. Hamburg 1983.

Marc Aurel: *Wege zu sich selbst.* Hrsg. und übersetzt von Willy Theiler. Zürich/München 1974.

Ekkehard Martens: *Vom Staunen oder Die Rückkehr der Neugier.* Leipzig 2003.

Alice Miller: *Das Drama des begabten Kindes und die Suche nach dem wahren Selbst.* Frankfurt 1981.

Michel de Montaigne: *Essais.* Übersetzt von Hans Stilett. Frankfurt 1998.

Alexander Sutherland Neill: *Theorie und Praxis der antiautoritären Erziehung.* Übersetzt von Hermann Schroeder und Paul Horstrup. Reinbek 1969.

Friedrich Nietzsche: *Werke.* Hrsg. von Karl Schlechta. Frankfurt/Berlin/Wien 1976.

Novalis: *Werke.* Hrsg. von Hans-Joachim Mähl und Richard Samuel. München/Wien 1978.

Jürgen Oelkers: *Pädagogische Ethik. Eine Einführung in Probleme, Paradoxien und Perspektiven.* Weinheim/München 1992.

Blaise Pascal: *Gedanken.* Übersetzt von Wolfgang Rüttenauer. Mit einer Einführung von Romano Guardini. Birsfelden/Basel 1972.

Wolfgang Pelzer: *Zweifel.* In: *Grundbegriffe zur Erziehung, zum Lernen und Lehren in der Grundschule,* S. 315–319. Hrsg. von Eckhard Kohls. Heinsberg 1994.

Wolfgang Pelzer: *Im Dschungel der Erziehung.* Heinsberg 1992.

Hans Pestalozzi: *Die neue Schulpraxis.* 1989/90.

Pink Floyd: *We don't need no education*. www.lyrics.de

Platon: *Platons Staatsschriften*. Griechisch und Deutsch. Hrsg. und übersetzt von Wilhelm Andreae. Jena 1925.

Jirina Prekop: *Der kleine Tyrann*. München 1988.

Franz Rosenzweig: *Briefe und Tagebücher*. Den Haag 1970.

Jean-Jacques Rousseau: *Emile oder Über die Erziehung*. Hrsg. von Martin Rang. Stuttgart 1963.

Friedrich Schiller: *Werke*. Hrsg. von Herbert Kraft und Hans Mayer. Frankfurt/ Main 1966.

Friedrich Schleiermacher: *Ausgewählte pädagogische Schriften*. Hrsg. von Theodor Rutt. Paderborn 1959.

Hubertus von Schoenebeck: *Antipädagogik im Dialog*. Weinheim/Basel 1985.

Peter Sloterdijk: *Zur Welt kommen – Zur Sprache kommen*. Frankfurt 1988.

Peter Sloterdijk: *Weltfremdheit*. Frankfurt 1993.

Sophokles: *Antigone*. Übersetzt von Wilhelm Küchenmüller. Stuttgart 1955.

Adalbert Stifter: *Der Nachsommer*. Mit einem Nachwort von Walter Killy. München 1977.

Botho Strauss: *Anschwellender Bocksgesang*. In: *Der Spiegel*. Heft 6, 1993.

Siegfried Uhl: *Die Pädagogik der Grünen. Vom Menschenbild zur Familienpolitik*. München/Basel 1990.

Gianni Vattimo: *Das Ende der Moderne*. Übersetzt von Rafael Capurro. Stuttgart 1990.

Guido Westerwelle: *Wer auf eine deutsche Schule will, muss Deutsch können*. In: *Welt am Sonntag* vom 23.06.2002.

Ludwig Wittgenstein: *Tractatus logico-philosophicus*. Frankfurt 1969.

Holger Witzel: *Abenteuer Erziehung*. In: *Der Stern* vom 28.8.2003.

Rolf Zuckowski: *Rolfs Kinderliederbuch*. 2 Bände. Hamburg 1992.